장예찬의 누구나 정치

장예찬의 누구나 정치

지 은 이 · 장예찬
펴 낸 이 · 성상건
편집디자인 · 자연DPS

펴 낸 날 · 2023년 12월 27일
펴 낸 곳 · 도서출판 나눔사
주 소 · (우) 10270 경기도 고양시 덕양구 푸른마을로 15
301동 1505호
전 화 · 02)359-3429 팩스 02)355-3429
등록번호 · 2-489호(1988년 2월 16일)
이 메 일 · nanumsa@hanmail.net

ISBN 978-89-7027-887-2 03340

값 18,000원
잘못된 책은 바꾸어 드립니다.

장예찬의 누구나 정치

장예찬 지음

나눔사

네덜란드의 재즈 드러머 장예찬

들어가며

1.

돌아보면 나는 '아무것도 아닌 사람'이었다. 이런 표현이 지나치게 자조적으로 느껴진다면, '누구나'에 해당하는 사람이라고 불러도 좋을 것이다.

부산에서 태어난 지방 청년이고, 고등학교 때까지 남들과 마찬가지로 평범한 학교를 다녔으며, 상류층 부모들이 만들어준다는 화려한 스펙도 갖추지 않았다. 상속이나 증여를 기대할 수 있는 유산도 없다.

그저 하고 싶은 것을 기어이 해보고야 마는 성질머리 하나 정도를 타고났을 뿐이다. 그렇기에 어린 시절 교회에서 배웠던 드럼을 덜컥 전공으로 삼겠다고 집안과 고등학교를 뒤집어 놓았고, 고집을 굽히지 않아 스틱 한 자루 달랑 들고 네덜란드로 날아갔다.

운이 좋게도 네덜란드 마스트리히트(Maastricht) 국립음대에서 재즈 드럼을 전공하며 음악뿐 아니라 무한의 자유 속에서 혼자 살아가는 법, 다양한 국적의 친구들과 어울리는 법을 배웠다. 당시 1년 학비는 우리 돈 150만 원 정도로 부산에서 서울로 대학을 가는 것보다 비용이 적게 들었다. 그대로 졸업을 하고, 석사에 해당하는 마스터 학위까지 마치고 돌아오면 한국에서 음대 교수가 될 거라는 희망을 품을 수도 있었다.

그러나 꿈틀거리는 청춘의 객기는 음대 생활을 끝까지 마치게 두지 않았다. 네덜란드의 대학을 보면 입학시험과 1학년에서 2학년으로 올라가는 진급 시험이 무척 까다롭다. 과장을 조금 보태면 2학년 진급 시험에 절반 가까이 탈락할 때도 있다. 그런데 가만히 주위를 돌아보니 학교에서 인정받는 연주자들, 재능이 넘치는 친구들은 대부분 2학년이나 3학년 때 자퇴를 하고 유럽으로 투어를 떠나는 게 아닌가. 얌전히 졸업을 하는 친구들은 어딘지 재미없는 모범생처럼 보였다.

그래서 나도 중퇴를 했다. 기껏 유학까지 와놓고 학교를 그만 둔 이유치고는 지금 생각해도 어이가 없다. 하지만 당시에는 남들과 같은 길을 걷는다는 것, 안정을 추구한다는 것을 용납하기 힘든 예술가의 심장을 갖고 있었다. 15년쯤 지나 생각하면 정말 무진장 부모님 속 썩이는 불효자였던 셈이다.

인도 여행을 다니던 자유로운 영혼

그나마 한국으로 돌아와 음악학원 강사와 웹소설 작가, 자동차 회사 홍보대행 팀장에 이어 시사평론가로 방송 활동까지 시작하며 다양한 직업들을 섭렵해 어떻게든 손 벌리지 않고 먹고 사는 문제를 해결했다. 아무리 사소하다 하더라도 생활은 힘은 위대하다. 밥벌이의 소중함을 몸으로 느끼며 세상을 배웠고, 다양한 직업을 경험하며 이 세계가 얼마나 복잡하면서도 넓은지 깨달았다.

그렇지만 끊임없이 남들과 비교를 일삼는 대한민국의 현실적 시각에서 보면, 특히 여의도의 모범적 인물들과 그들의 문법으로 보면 나는 대체 뭘 하는지 종잡을 수 없는 이상한 놈인 것이 당연하다. 어쩌면 속되게 이르는 말로 그냥 딴따라에 불과한 청년이었

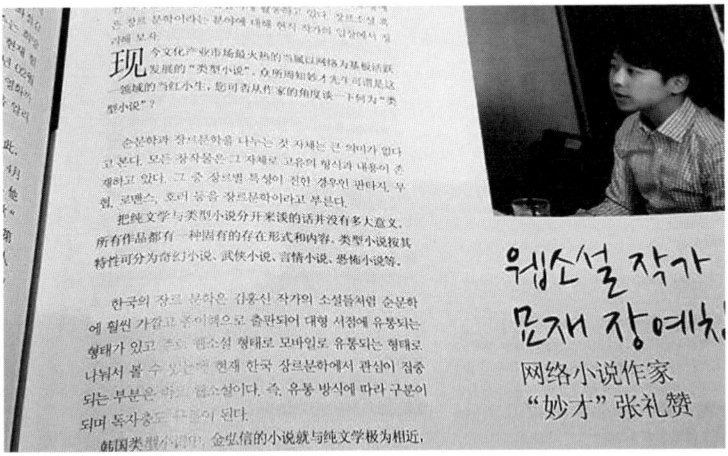

웹소설 작가 묘재

다. 하지만 남들이 나를 어떻게 보거나 말거나 늘 자유로운 영혼을 꿈꾸고 구속되지 않는 생활을 동경했다. 소위 엘리트, 혹은 제도권 안에서 살아가는 삶은 내 관심 밖이자 범접하지 못할 영역이었다. 당연히 정치라는 직역의 실체 또한 상상하지 못했고, 관심을 두지도 않았다.

그런데 정치가 내 곁으로 왔다.

운명은 누구도 거부하지 못한다. 젊은 나이에 이런 말을 한다는 것이 쑥스럽지만 운명은 자기가 생각하는 대로만 살아가게 놔두지 않는 모양이다. 하물며 그것이 나의 소명으로 다가왔을 때는 도무지, 누구도 정면으로는 거부하지 못한다.

정치와는 전혀 상관없는, 오히려 정반대의 삶을 살아온 내가 난데없이 최연소 시사평론가가 되어 정치 이야기로 밥벌이를 하며 조금의 유명세를 얻게 됐고, 나아가 대통령을 만드는 일에 기여하며 집권 여당의 최고위원까지 역임하게 됐다. 나의 계획이나 선택과는 무관한, 우연과 행운이 연달아 발생하며 만들어진 현재는 내게 소명을 고민하게 만든다. 대체 왜 내가 이 자리에서 보수 진영의 청년 정치 한 축을 대변하며 서 있게 된 것일까. 나를 여기까지 이끈 것이 운명이라면, 이제부터 정치의 영역에서 구현해야 할 나의 소명은 무엇일까.

단순히 좋은 자리에 올라 거들먹거리는 게 정치를 하는 이유가 되어서는 안 된다. 그 끝은 필연적으로 허무하거나 불행할 수밖에 없다. 그렇기에 정치를 통해 반드시 이뤄내야 할 소명이 무엇인지 더욱 필사적으로 고민하며 하루하루 겸손해지는 것이다. 때로는 정치라는 거친 영역에서 버티는 게 힘에 부칠 때, 다시 자유인으로 돌아가 드럼을 치고 글을 쓰는 것으로 전직하고 싶을 때마다 소명을 생각한다. 종교적인 신념을 솔직히 밝히자면 부족하고 자격 없는 나를 지금의 자리로 이끄신 하나님의 뜻을 깨달을 때까지 아무리 힘들어도 견디면서 정치를 통한 소명을 찾기로 마음을 먹었다. 그래서 온갖 음해와 공격, 인신공격으로 점철된 불특정다수의 비난에도 불구하고 꿋꿋하게 보수의 최전방 공격수를 자처하며 버티고 또 버티는 것이다.

한편으로 내가 드럼을 전공한 것도 정치라는 종합예술에서 큰 도움이 되고 있다. 드럼은 무대 제일 뒤쪽에 자리해 연주되는 모든 음악을 지원하고 리듬을 지휘하며 속도를 지켜낸다. 드럼은 다른 악기들의 메트로놈처럼 박자를 잡아주는 역할을 하고 분위기를 조율하는 등 음악 전체를 아우른다. 드럼의 대표적인 특징은 듣는 사람에게 리듬감을 만들어준다는 것이다. 음악에 드럼이 들어가기 시작해야 비로소 클라이막스로 전진해나간다.

드러머들은 섣불리 앞으로 나서지 않는다. 뒷자리에서 전체를 조율한다. 그런가 하면 명쾌하게 스틱으로 곡의 클라이막스와 엔딩을 마무리한다. 존재감을 드러내기로 작심하면 드럼처럼 음악 전체의 분위기를 바꾸는 악기도 없다.

정치란 대화와 타협을 통해 결과물을 창출하는 것이기에 그 과정은 개성 넘치는 여러 악기를 조율하는 것과 비슷하다. 마치 드럼을 치는 것처럼 정치를 할 수 있다면 내게 그보다 큰 성공은 없을 것이다.

드럼 이야기가 나왔으니 네덜란드에 관한 이야기도 빠트릴 수 없다. 나의 성장에 가장 많은 영향을 끼친 것은 재즈 음악과 네덜란드 생활이었다. 짧은 시간이었지만 음악이라는 틀에 갇히지 않는 깊은 학문과 예술을 공부해 본 것이 지금의 나를 만들었다고 해도 과언이 아니다.

그리고 다른 나라가 아닌 네덜란드라는 자유의 나라에서 공부할 수 있었던 것은 당시에 생각했던 것 이상의 축복이었다. 국토의 면적과 인구, 지리적 환경 모두 불리하지만 인재의 힘으로 세계를 선도하는 강소국이 된 네덜란드는 여러모로 대한민국이 나아갈 길을 앞서 제시하고 있다.

세계 4위의 수출대국, ASML과 같은 세계 최고의 반도체 노광 장비 회사 등을 보유한 최첨단 기술 선진국, 동시에 유럽에서 대한민국에 투자를 가장 많이 하는 고마운 국가이며 모두가 알다시피 세상에서 가장 자유로운 나라다.

서울모터쇼 홍보를 책임지던 시절

모든 것들이 민간에게 맡겨져 최대치의 자유를 허용하는데 각각의 시민의식과 규범으로 사회 질서가 유지된다. 현대 사회에서 자유라는 가치를 이야기할 때 네덜란드는 첫 번째로 언급이 될 수밖에 없다.

바로 그곳에서 20대의 젊은 시절 초반을 보내면서 다양한 국적의 학생들을 만나고, 편견 없이 교류할 수 있었던 게 얼마나 큰 자산인지 모른다. 국적과 인종, 성향으로 사람을 쉽게 판단하지 않고 대학에서도 학생들의 자율권과 무한한 가능성을 폭넓게 인정해주는 네덜란드 정신이 내 삶과 정치에 깃들어 있다. 드러머와 웹소설 작가, 자동차 회사의 홍보대행 팀장부터 시사평론가, 그리고 이제는 정치인까지 자유롭게 넘나들며 직업의 구애를 받지 않는 것 또한 네덜란드에서 공부한 덕분일 수도 있다.

내가 그런 것처럼 나는 주위의 모든 사람이 정치인이면 좋겠다고 생각했다. 직업 정치인으로 여의도에서 밥벌이를 하지 않더라도 정치에 참여해 목소리를 내는 사람들이 그만큼 더 많아지길 간절히 바라는 것이다.

내가 만들어가는 세상, 각자가 꿈꾸는 세상을 남이 아닌 스스로 만들 수 있다면. 대의제 민주주의라는 틀 안에서도 시민들이

보다 적극적으로 정치에 참여하고, 때로는 직업 정치에도 부담 없이 도전할 수 있다면 세상은 지금보다 훨씬 나아질 것이라 믿는다.

정치는 생활을 바꾼다. 정치에 대한 관심은 우리의 일상을 바꿔게도 하지만 또한 권력을 위임받은 정치인을 준엄하게 비판하고 과감하게 갈아치우는 결론을 도출해내기도 한다. 반면 정치적 무관심은 우리의 생활을 그냥 남의 손에 내팽개치는 것이다. 우리 스스로 정치의 볼모가 되거나 알게 모르게 희생을 강요받게 된다.

사실은 우리의 모든 생활이 정치와 밀접한 관계를 맺고 있다. 쓰레기 처리 문제 하나도, 일회용 빨대 문제도 모두 정치의 영역에서 결정된다. 재차 강조하지만 정치에 대한 무관심은 정치인을 부패의 늪으로 몰아넣어 그들만의 이익에 부합하게 해줄 뿐이다. 정치는 일상이 되어야 한다. 정치가 어느 특정 부류의 전유물이 아님을 늘 반복해 외치고 싶다. 나 스스로 그런 경험을 공유하며 실천하며 살아왔기 때문에.

정치, 결코 엘리트들의 것이 아니다.

정치는 보통 사람의 것이다.

그것이 우리가 근본적으로 누려야 할 시민적 특권이자 시대정신이다.

보통 사람의 한 사람으로서, 엘리트와 가장 거리가 먼 사람으로서, 나는 다만 새로운 깃발을 들고 평범한 이웃들과 함께 대한민국의 미래를 개척하고 싶다.

바로 '누구나'에 해당하는 나 자신, 그리고 여러분과 함께.

2.

낭만가객 국민가수 최백호 선생의 노래에 '부산에 가면'이 있다.

나는 부산 출신이다. 그러나 그것은 전국을 대상으로 한 정치 활동에 아무런 문제가 되지 않는다. 부산의 아들이면서 동시에 대한민국의 아들이기 때문이다. 정치인은 누구나 모두의 아들이고 싶고, 모두의 형제이고 싶은 존재다.

다만 '부산에 가면'이라는 노래를 들으면 저절로 눈이 감긴다.

부산에 가면
다시 나를 볼 수 있을까
고운 머릿결을 흩날리며
나를 반겼던 그 부산역 앞은
참 많이도 변했구나
어디로 가야 하나
너도 이제는 없는데
무작정 올라가는 달맞이 고개에
오래된 바다만 오래된 우리만
시간이 멈춰버린 듯 이대로
손을 꼭 잡고 그때처럼 걸어보자
아무 생각 없이 찾아간 광안리
그때 그 미소가 그때 그 향기가
빛바랜 바다에 비춰 너와 내가
파도에 부서져
깨진 조각들을 마주 본다
부산에 가면

누구도 고향을 부정할 수 없다.

하물며 저렇게 아름다운 추억이 켜켜이 쌓인 곳이라면 도무지 외면할 수 없는 법이다. 내게 몸과 정신, 그 이상의 모든 것을 선물한 곳이 아닌가. 감천마을과 자갈치 시장, 범어사와 낙동강, 그리고 고향의 바다.

광안리와 해운대 바다는 내 유모차이자 사춘기 시절 단짝 친구이며 엄마의 집밥 같은 곳이다. 베르나르 앙리 레비가 쓴 <아메리칸 버티고>에는 그랜드캐니언의 유래를 설명하는 젊고 수다스런 헬리콥터 조종사가 등장한다. 나는 광안리와 해운대를 떠올릴 때마다 아메리칸 버티고에서 그랜드캐니언을 묘사한 대사를 이입시킨다.

“두 가지 설이 있습니다. 하나는 수천만 년, 수억만 년에 걸친 침식작용의 결과로 조금씩 만들어졌다는 겁니다. 그리고 다른 하나는 이 모든 것들, 이 모든 경이들, 앙코르와트의 사원들만큼이나 아름답고 웅장한 기념물들, 앞에 보이는 붉은 장밋빛 바위들, 당신 왼쪽에 로마 사원을 닮은 저 생김새나 아니면 이쪽, 황폐한 요새처럼 보이는 것 등, 이 모든 것들이 우연의 결과일 수는 없다는 겁니다. 한 명의 예술가가 있었을 것이고. 그 예술가는 바로 하나님일 거라는 얘기죠.”

누구에게나 고향은 각자에게 절대적인 존재로 각인되어 있을 것이다. 고향에 대한 기억이 모이고 모여 우리가 사는 세상은 조금 더 따뜻하게 되는 것 아닐까. 기억은 또한 현실적인 발전의 장치이기도 해서 그 경험들이 사회적인 자산이 된다. 그렇기에 나는 고향을 생각할 때 마음이 따스해지는 사람이라면 누구나 대한민국을 더 낫게 만들 자격이 있다고 믿는다.

가령 최백호 선생이나 앙리 레비라는 작가가, 또는 자연의 위대함을 힘껏 설명한 그랜드캐니언의 젊은 조종사가 정치에 참여한다면, 그들이 경험한 일상의 통찰이 각자의 나라를 얼마나 아름답고 따뜻하게 바꿀까? 분명 우리의 예상을 뛰어넘는 실질적인 변화가 일어날 것이다.

그런 꿈을 꾸고 있기 때문에 내가 만나는 사람들에게 '정치합시다'라고 외치는 중이다.

이 책을 통해 단 한 문장만 남길 수 있다면, 주저 없이 이것이다.

"우리 같이 정치할래요?"

차 례

1

어쩌다 정치를

CBS 라디오

—

1. 어쩌다 정치를

1.

한국으로 돌아와 나름 바쁘게 지내며 온갖 일에 열중하고 있을 때 서울시향과 지휘자 정명훈의 기사를 읽게 됐다. 보는 사람에 따라 관점이 다를 수 있겠지만, 세계적인 거장 마에스트로 정명훈을 비난하는 기사들이 내게는 엄청난 충격으로 다가왔다. 특히 좌파 혹은 진보에 속한다는 사람들의 예술을 대하는 태도와 인식이 현실과 너무 동떨어져 있다는 사실에 깊은 한숨이 나왔다.

2014년, 당시만 해도 나는 작은 음악학원을 운영하며 웹소설 작가로 활동하고 있었다. 공적인 경로로 의견을 밝힐 수 있는 위치가 아니었다. 그럼에도 세계가 인정하는 지휘자를 매도하고 홀대하는 언론과 여론에 맞서 뭐라도 해야한다는 마음이 들었다. 결국 몇 사람 보지 않는, 기껏해야 친구들이 좋아요 10개 남짓 눌러주던 페이스북에 글을 썼다. 그게 내가 할 수 있는 전부였다.

힘 있는 기성 언론은 정명훈이 서울시향에서 받는 대우가 과한 것처럼 몰아가고 있었다. 여론은 그에 따라 부화뇌동하며 정명훈을 비난하기 바빴다. 하지만 나는 그가 다른 거장들이 누리는 것보다 못한 수준의 대우를 받았고, 해외를 오가는 연주 일정도 음악계의 관행에서 벗어나지 않았다는 팩트체크를 했다. 어쩌면 그때부터 내가 가짜뉴스에 염증을 느끼고 팩트에 집착하게 됐는지 모른다.

실제로 정명훈이 서울시향을 지휘하며 받은 대우는 1992년 바스티유 오페라단에게 제의받은 것과 비슷한 수준이었다. 시대의 흐름에 따라 거장 지휘자들의 몸값이 상승한 것과 물가상승률을 고려하면 오히려 아무 계산 없이 쿨하게 서울시향의 지휘를 맡아준 것이다. 대한민국을 대표하는 도시 서울의 문화예술적 수준을 높이기 위해 재능을 바치는 결단을 내린 셈이나 마찬가지였다.

이런저런 논란이 지나가고, 정명훈이 사퇴한 이후 서울시향의 유료관객이 큰 폭으로 뚝 떨어진 것을 보면 한 사람의 예술가가 지니는 힘을 알 수 있다. 그러나 유독 좌파 진영의 지식인들이 정명훈을 몰아붙이며 사실상 쫓아낸 것은 어떤 이유에서일까. 목수의 망치와 판사의 망치가 동일한 가치를 지녀야 한다는 김제동식 궤변을 세계적인 지휘자 정명훈에게 투사한 것은 아닐까. 물론 김제동은 문재인 정부 시절 1시간에 천만 원이 넘는 강연료를 받았지만, 무명의 신인 개그맨이 김제동과 같은 출연료를 받는 것은 불가능한 일이다. 부자를 증오하게 만들고, 뼈를 깎는 능력으로 사회적 성취를 이룬 사람을 비난하고, 정작 자신들은 어마어마한 특혜를 누리는 진보 좌파의 내로남불과 이중성이 정명훈 사태의 본질이라는 생각이 든다.

문재인 정부 청와대에서 의전비서관을 역임한 탁현민도 빠지지 않고 참전했다. "대체, 고작해야 한 시절 유럽에서 유행했던 음악을 '클래식'이라고 부르는 조낸 참담한 음악교육...... 그렇다면 그 시절 아프리카 가나나 짐바브웨에서 불렸던 음악도 클래식이라고 해야지." 라는 글을 남기며 정명훈을 비난하는 대열에서 선봉장을 자처한 것이다. 표현의 천박함은 둘째치고, 오랜 세월 대중들이 선택한 취향과 역사를 무시하며 자신만 옳다는 오만한 시각이 더 큰 문제다. 고작 저런 인물에게 의전비서관을 맡겼으니 문재인 전 대통령의 행사에 얕고 자잘한 쇼(Show)만 있고 깊이는 없는 것이다.

탁현민 같은 부류에 대한 반감으로 글을 썼지만, 피드백을 기대한 것은 아니었다. 무명의 청년이 쓴 페이스북 포스팅으로 무엇을 바꿀 수 있겠는가. 그런데 하루가 채 지나기도 전에 믿기 어려운 일이 벌어졌다. 평균 10개의 좋아요도 찍히지 않았던 페이스북인데 수천 개의 좋아요와 수백 개의 댓글이 달린 것이다. 물론 내가 쓴 글에 반대하는 의견도 있었지만, 대부분의 댓글은 응원과 칭찬 일색이었다. 덕분에 정명훈 사태에서 새로운 관점을 갖고 팩트를 알게 됐다는 내용이 주를 이루고 있었다. 뿐만 아니라 온라인 매체에서 내 글을 공유해 칼럼으로 실었다. 친구들과 농담 따먹기나 하던 페이스북이 일약 수만 명이 모여 토론을 하는 담론장으로 바뀐 것이다.

이때부터 나는 페이스북에서 소위 글 좀 쓴다는 사람들과 어울리며 의견을 주고받았다. 시작은 문화예술이었지만, 정치와 사회에 대해서도 의견을 올리며 토론을 하는 게 일상이 됐다. 방송에 출연해 다양한 이슈와 정치에 대해 말하는 내공을 페이스북 토론으로 쌓은 셈이다. 결과적으로 관심 있는 분야에 대한 페이스북 포스팅 하나가 지금의 나를 만들었다고 해도 과언이 아니다.

소셜 미디어에서는 언제 어떻게 알고리즘이 터지며 폭발적인 반응이 따라올지 모른다. 나비효과라는 말이 가장 잘 어울리는 세계가 바로 소셜 미디어, 즉 SNS 세상이다. 지금도 정치를 어떻게 시작해야 하냐고 묻는 청년들에게 이렇게 대답한다. 일단 페이스북에 글을 쓰는 것부터 해보라고. 아무도 보지 않아도 잘 쓴 글 하나가 인생을 바꿀 수 있다고.

2.

페이스북 논객으로 이름을 날리다 보니 '자유주의'라는 인터넷 매체의 초창기 멤버로 합류할 기회가 생겼다. '자유주의'는 말 그대로 시장 자유를 중시하면서 보수의 철학에 관심 있는 청년들이 모여 만든 페이스북 페이지 기반의 매체였다.

사실 내가 처음부터 시장 자유를 중시하는 젊은 보수였던 것은 아니다. 20대 초반에는 다양한 사상을 탐구하고 사민주의에 대해서도 동경하는 마음이 있었다. 노회찬 같은 정치인이 멋있어 보였고, 북유럽의 렌-마이드너 모델이 대안이라고 믿기도 했다.

그러나 한국에 돌아와 작은 학원을 운영하며 사민주의나 진보 정당에 대한 환상이 깨지는 것을 경험했다. 적게나마 월급을 주고 세금을 내면서 경제 활동을 하면 할수록 진보 좌파의 이론이 비현실적이라는 것을 체감하게 됐다. 그들이 외치는 평등이 더 나은 삶을 살고자 노력하는 사람들을 바보로 만드는 구호라는 진실을 깨달았다. 또 보통 시민들에게는 평등을 강조하는 사회주의 국가에서 소수의 지배계층은 엄청난 부와 권력을 누리는 모순을 직시하게 됐다.

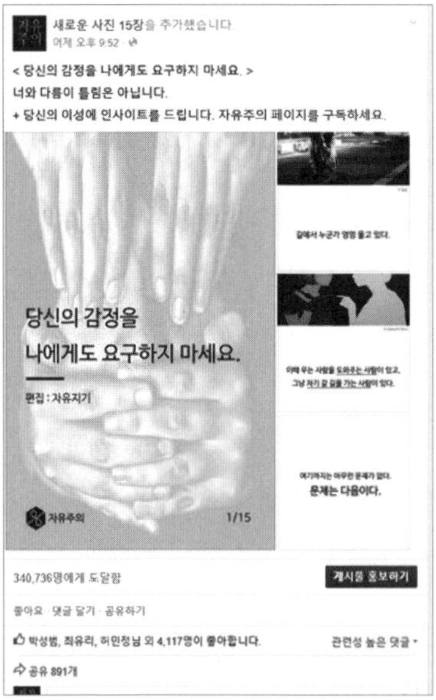

자유주의 페이지 활동 (1)

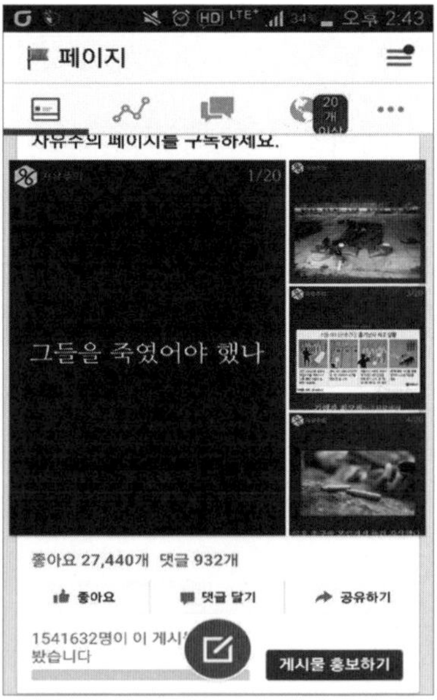

자유주의 페이지 활동 (2)

그렇기에 경제활동을 시작한 이후로 젊은 보수라는 정체성이 확고해졌고, '자유주의'에 참여한 것도 나와 같은 연령대의 청년들에게 진보의 달콤한 속삭임 대신 현실을 알려주고 싶다는 순수한 동기 때문이었다. 돌아보면 '자유주의' 활동이 시작된 2015년 무렵부터 온라인에서 젊은 보수라고 밝히는 사람들이 하나둘 늘어났던 것 같다. 20대는 무조건 진보적이라는 공식이 본격적으로 깨지는 시기였다. 적어도 페이스북에서는 '자유주의'가 젊은 보수라는 개념을 널리 퍼트리는 역할을 했다고 자부한다. 그 비결은 바로 카드뉴스였다.

카드뉴스는 한 시대를 풍미하고 지나간 아이템이지만, 2015년에는 뉴스의 패러다임을 바꿀 혁신적인 소통 방식이었다. 텍스트의 시대가 가고, 이미지의 시대가 오는 것을 알리는 기수가 카드뉴스였다. 강렬한 이미지와 헤드라인 같은 한 문장으로 카드를 만들고, 10장 안팎으로 스토리를 부여하면 스마트폰으로 보기 딱 좋은 뉴스가 완성된다. 소셜 미디어에서 공유하기도 편하다. 그야말로 페이스북과 모바일에 특화된 방식이었다.

'자유주의'는 정치 시사 뉴스를 카드뉴스 방식으로 퍼트린 최초의 매체나 다름없었다. 덕분에 페이스북 페이지 팔로워 10만을 금방 돌파했고, 카드뉴스를 올리면 몇만 개의 좋아요와 100만 이상의 뷰(View)가 심심찮게 나왔다. 그러다 보니 콧대 높은 기성언론도 '자유주의'를 주목하기 시작했다. 여기저기서 카드뉴스 만드는 법과 페이스북 페이지 관리하는 노하우를 배우고 싶다는 문의가 쇄도했다. 28살, 미디어 관련 학위나 경력이 전무한 내가 내로라하는 언론사부터 온라인 홍보에 눈을 뜬 국회의원실까지 종횡무진 오가며 강의를 하게 된 것이다.

세상이 빠르게 변하지 않을 때는 한 우물을 깊게 파는 사람들이 전문가 대접을 받는다. 그러나 세상이 시시각각 빠른 속도로 변할 때는 새로운 도전을 두려워하지 않는 사람, 변화에 민감하게 반응하는 사람이 의사결정을 주도하게 된다. 내게 대단한 능력이 있어서라기보다는 페이스북을 중심으로 레거시 미디어의 영향력이 약해지고, 뉴미디어가 부상할 때 운 좋게 흐름을 잘 탄 것이다. 그래서 지금도 세상의 변화를 관찰하기 위해 눈을 부릅뜰 수밖에 없다. 소셜 미디어만 해도 페이스북에서 인스타그램, 유튜브, 틱톡으로 트렌드가 바뀌는 속도가 빨라졌다. 다음은 어디일까. 똑같은 이야기를 해도 어느 플랫폼에서 해야 더 많은 사람들, 특히 더 젊은 세대가 주목하게 될까. 끊임없이 연구하는 것도 젊은 정치인에게 주어진 숙명이다.

3.

'자유주의' 활동과 개인 페이스북의 활발한 포스팅으로 이전에는 상상할 수 없던 다양한 인간관계가 늘어났다. 언론사의 중역들부터 청와대에서 근무한 선배들도 있었다. 국회의원실 특강도 종종 하게 됐기 때문에 뉴스에서 보던 정치인들을 만나는 일도 생겼다. 그러는 와중에 나를 눈여겨본 선배의 추천 덕분에 CBS 라디오 시사 프로그램의 게스트로 출연하게 됐다. 하루를 마무리하는 저녁 방송에 30분 정도 출연하는 기회가 주어진 것이다.

미처 생각하지도 못한 일이었지만, 당연히 무조건 출연하겠다고 말할 수밖에 없었다. 평범한 사람이 라디오나 TV에 출연해 자기 의견을 밝힌다는 것은 그때나 지금이나 무척 특별한 기회다. 인생에 다시 오지 않을 기회일지도 모른다. 그렇지만 긴장감 때문에 며칠 전부터 잠을 설칠 지경이었다. 생방송 출연 직전에는 우황청심환을 먹어야 하나 고민할 정도였다. 지금이야 농담 반 진담 반으로 방송기계, 방송천재라는 말을 듣지만 그때 내 나이는 겨우 스물여덟이었다. 윤석열 정부에서 통용되는 만 나이로는 스물일

곱에 불과했다.

그렇게 얼떨떨하게 스튜디오에 들어가 평생 첫 번째 방송으로 데뷔를 했다. 실수를 해도 정정이 불가능한 생방송이었고, 토론 상대는 국회 보좌관 경험이 있는 베테랑이었다. 그럼에도 온에어 불이 들어오자 긴장감이 묘한 흥분으로 바뀌며 신이 나서 하고 싶은 말을 다 했다. 준비한 것보다 더 많은 말을 편하게 쏟아냈던 것 같다. 생방송이 끝나고 아쉬움이 느껴지지 않았으니 그것으로 만족했다.

일생일대의 이벤트가 이것으로 끝나는 것일까. 하지만 며칠 뒤 담당 PD에게 연락이 왔다. 일주일에 두 번 정도 고정 출연을 해달라는 제의였다. 마다할 이유가 없는 새로운 도전이었다. 시사 라디오의 강자인 CBS의 저녁 프로그램에 정식으로 고정 출연을 하게 되다니. 페이스북 글 하나에서 시작된 커리어가 방송국으로 뻗어 나간 것이다. 과거에도 현재에도 수많은 사람들이 페이스북을 비롯한 자신의 공간에 정치적인 글을 남기고 피드백을 주고받는다. 그러나 제도권 방송으로 진출한 케이스는 그리 많지 않다. 손가락으로 꼽을 정도일 것이다. 내게는 우연과 우연이 겹치며 기회가 찾아왔고, 한 번 찾아온 기회를 놓치지 않았다. 처음부터 방송과 정치를 할 운명이었는지도 모른다. 그렇게 나는 28살의 나이로 최연소 시사평론가가 됐다. 정치인 장예찬의 뿌리라고 할 수 있는 방송의 세계로 발을 들인 것이다.

4.

라디오 방송의 영향인지 제도권에서도 젊은 보수라는 키워드에 관심을 보이기 시작했다. 온라인 홍보에 무지하던 정치인들도 새로운 시대에 걸맞은 전략이 필요하다는 것을 느끼고 있었다. 2015년에는 페이스북을 제대로 관리하는 국회의원도 드물었고, 인스타그램이나 유튜브는 아예 다른 세상 이야기였다. 그러나 기민하게 온라인 홍보의 중요성을 캐치한 정치인이 있었다. 바로 보수의 지략가이자 영원한 소신파, 정두언 의원이다.

MB 정부 청와대에서 근무했던 선배가 나를 정두원 의원에게 추천했다. 평소 정두언 의원의 당당한 행보에 호감을 품고 있었기에 추운 겨울날 서대문 지역 사무실로 따라나섰다. 3선 국회의원을 만나는 일이기에 걱정도 됐다. 만약 권위적인 태도를 보이면 무척 실망스러울 것 같았다.

하지만 정두언 의원은 대화를 시작할 때부터 마음이 열려 있었다. 온라인 홍보는 자신이 잘 모르는 분야라는 것을 인정하고, 젊은 내게 모든 것을 전적으로 맡기겠다는 태도였다. 그러면서 자문위원이라는 직책 대신 온라인 홍보를 총괄하는 홍보고문이라는 직함을 쓰라고 먼저 제의했다. 3선 국회의원이 28살의 청년을 고문으로 모시겠다고 말한 것이다.

돈을 받고 하는 일은 아니지만, 정치권에서는 직책이 가장 중요하다. 훗날 자신을 증명하는 커리어가 되기 때문이다. 선거 캠프에서 직책 한 글자 때문에 온갖 암투가 벌어지기도 한다. 정두언 의원의 자유분방함에 반해 덜컥 홍보고문 자리를 맡았지만, 일은 그리 간단치 않았다. 의원실의 보좌진부터 선거 캠프의 선배들까지 나를 곱지 않은 시선으로 보는 게 느껴졌다. 새파랗게 어린 놈이 온라인 홍보 운운하는 게 사기꾼처럼 보였을 것이다. 직함만 받는 게 아니라 제대로 일을 하려면 정두언 의원 보좌진의 싸늘한 시선을 극복해야만 했다.

20대 총선을 준비하던 연말, 정두언 의원은 국회 국방위원장으로 일하고 있었다. 그렇기에 의원회관이 아닌 초록색 지붕의 국회 본관 상임위원장 사무실을 썼다. 나는 태어나서 처음으로 국회 문턱을 밟았다. 정두언 의원실의 수석 보좌관을 설득해야 하는 막중한 임무를 안고 국회에 왔지만 얼굴에 웃음기가 가시지 않았다. 부산 촌놈이 국회 국방위원장실로 회의를 하러 왔다는 사실 자체가 출세로 느껴졌다. 애초에 뭔가를 바라고 정두언 의원을 돕는 게 아니었기 때문에 마음도 가벼웠다. 내 진가를 알아보지 못하면 의원실만 손해라는 자신감도 있었다.

여의도가 한눈에 내려다보이는 넓은 사무실에서 수석 보좌관과 비서관, 비서들이 맞은편에 앉았다. 주눅 들기 딱 좋은 자리지만 준비한 노트북을 꺼냈다. 그리고 페이스북을 중심으로 한 온라인 홍보의 중요성을 설파했다. 길거리에서 아무리 명함을 돌려도 하루에 몇백 명을 만나는 게 고작이다. 그러나 온라인 홍보를 잘만 하면 수천 명, 수만 명의 유권자에게 메시지를 전달할 수 있다. 허풍이 아니라는 것을 증명하기 위해 '자유주의'의 운영진 화면으로 데이터를 보여줬다. 카드뉴스 하나에 좋아요 수만 개가 찍히고, 백만 명 넘는 사람들이 조회했다는 통계가 숫자로 나타났다.

물론 불특정다수의 국민을 대상으로 한 온라인 홍보는 지역 선거보다 광역 선거, 전국 선거에 더 적합한 방식이다. 하지만 지역구 활동을 하면서 온라인 홍보를 병행할 때 얻는 시너지 효과를 부정할 수 없었다. 그전까지 차가운 표정으로 나를 바라보던 수석 보좌관의 눈빛이 달라졌다. 이런 거라면 무조건 해야지, 라고 말하며 내게 손을 내밀었다.

정두언 의원도 훌륭하지만, 의원실의 보좌진도 국회에서 손꼽히는 에이스들이었다. 28살짜리의 브리핑을 듣고 흔쾌히 인정하는 자세는 지금도 귀감이 될 수밖에 없다. 비록 살생부 파동에 휩쓸려 정두언 의원은 20대 총선에서 아쉽게 낙선했다. 하지만 그때 의원실에서 시도한 다양한 홍보 전략은 다른 국회의원실이 벤치마킹할 정도로 반향을 일으켰다.

선거기획사에서 홍보물을 보고할 때, 정두언 의원은 나를 자신의 옆자리로 불러 앉혔다. 그리고는 예찬이 너가 여기서 제일 젊은 친구니까 솔직한 의견을 말해달라고 힘을 실어줬다. 그때는 그게 얼마나 대단한 특권이었는지 잘 몰랐다. 여의도 경험을 꽤 하고 돌아보니 정두언 의원처럼 열린 자세로 청년을 대하는 정치인이 거의 없다는 사실을 뒤늦게 깨달았다.

지난 대선에서, 그리고 정부 출범 이후 위기에 처할 때마다 정두언 의원을 떠올렸다. 정두언 의원이 있었다면 특유의 재기와 상상력으로 위기를 돌파할 해법을 내놓지 않았을까. 나와 같은 아쉬움을 느끼는 사람들이 정치권에 적지 않다는 것을 확인하며 그리운 마음은 더욱 깊어졌다.

다행인 것은 정두언의 사람들이 이후로도 계속 승승장구했다는 사실이다. 내게 손을 내밀어준 수석 보좌관은 남경필 지사 시절 경기도 대변인을 거쳐 이름을 말하면 알만한 기업의 주요 임원으로 근무하고 있다. 그때 의원실에서 비서관을 했던 선배는 윤석열 대통령의 대선을 준비하는 과정에서 다시 만났다. 지금은 대통령실 총무비서관실에서 안살림을 책임지는 중요한 역할을 전담하는 중이다.

정두언 의원은 내게 선거를 알려준 첫 스승이자 친구 같은 분이었다. 낙선 이후에도 자주 불러 밥을 사주시며 너는 미래의 지도자가 될 거라고 용기를 불어넣어 주셨다. 정치권에서 오래도록 이어질 다양한 인연도 정두언 의원을 도우며 만들게 됐다. 나와 정두언 의원의 인연을 말하면 백이면 백 모두 좋게 생각하고 마음의 거리가 가까워진다. 그를 아쉬워하는 사람은 많아도 나쁘게 말하는 사람은 본 적이 없다. 음악을 좋아하고 연기에도 도전한 정두언 의원의 예술적 감성도 나와 통하는 부분이었다. 음대 출신의 정치인으로 때로는 엘리트주의의 벽을 느낄 때 정두언 의원을 생각하며 이를 악물고 버티게 된다.

어쩌다 정치를 하게 됐는지, 짧다면 짧고 길다면 긴 이야기를 할 때 정두언 의원을 빼놓을 수 없다. 페이스북과 '자유주의', 라디오 프로그램의 시사평론가 활동도 주요한 역할을 했다. 하지만 정두언 의원과 함께 경험한 2016년 20대 총선이 없었다면 정치를 알아가는데 훨씬 더 오랜 시간이 필요했을 것이다. 누구를 만나느냐가 인생에서 가장 중요하다는 점을 상기하면, 정치의 시작에 정두언 의원을 만난 것은 내게 엄청난 행운이었다.

지금도 그립고 감사합니다, 정두언 의원님.

2

탄핵의 폭풍 속에서

–

2. 탄핵의 폭풍 속에서

1.

2016년 봄, 정치의 비정함과 쓸쓸함을 피부로 느끼게 됐다. CBS 라디오에서 20대 총선 개표방송을 진행하고, 당선 윤곽이 나온 늦은 밤 서대문으로 달려갔다. 언제나 사람이 바글바글 넘쳐나던 정두언 의원의 지역 사무실에는 적막만이 감돌고 있었다. 몇 안 되는 보좌진과 직원들이 남아 허탈한 얼굴로 나를 맞이했다. 패배란, 낙선이란 봄을 겨울로 만들 만큼 시린 것이었다.

그럼에도 시간은 계속 흘러갔다. 정두언 의원도 20대 총선 낙선의 아픔을 이겨내고 방송인으로 새로운 길을 가기 시작했다. 지금은 TV조선의 간판 시사 프로그램이 된 '이것이 정치다'의 원조 진행자가 바로 정두언 의원이었다. 나도 계속 라디오 시사평론가로 활약하며 경험을 쌓아갔다. 원래는 저녁 프로그램에 고정 출연을 했는데, 진행자가 새벽 시간 아침 프로그램을 새로 맡게 됐다. 그러면서 나의 데뷔 프로그램은 사라지게 된 것이다. 방송사 개편 때마다 흔히 있는 일이지만 당시에는 아쉬운 마음을 주체하기 힘들었다. 그런데 저녁 프로그램의 많은 고정 패널 중에서 나에게만 아침 프로를 같이 하자는 제안이 들어왔다. 당연히 기쁜 마음으로 수락했고, 그동안 방송을 잘했다고 인정을 받은 기분이었다. 그렇게 아침 6시를 일깨우는 이른 시간대 시사 프로그램에서 하루의 뉴스를 브리핑하는 보다 막중한 역할을 맡게 됐다. 토론과 달리 뉴스 브리핑은 주요 이슈를 선별하고, 객관적이면서 최대한 단순하게 정리해야 한다. 그만큼 새로운 공부가 되는 분야였다.

생활은 단조로운 것 같았지만 항상 바빴다. 계속해서 아침에는 라디오 출연을 하고, 일정에 맞춰 웹소설을 쓰거나 웹툰 시나리오를 쓰는 것으로 열심히 밥벌이를 했다. 당시 나는 장르문학을 다루는 웹소설 작가 중에서는 이름이 제법 알려진 편이었다. 20대 중후반에 불과했지만 소설을 쓰는 것으로 일찍부터 억대 연봉을 벌었고, 동아일보와 리디북스 등이 주최한 행사에 초대받아 웹소설 쓰는 법을 가르치기도 했다.

중요한 것은 부모님의 경제적 지원 없이 자기 삶을 탄탄하게 유지하면서 미래를 도모했다는 사실이다. 일상 속 작은 이벤트 같은 라디오 출연, 주업이 된 웹소설 쓰기, 그리고 유학을 희망하는 드럼 전공생들을 틈틈이 가르치며 비교적 이른 나이에 자립을 이뤄냈다. 정치가 아니고도 얼마든지 먹고 사는 문제를 해결할 수 있다는 자신감이 역설적으로 젊은 나이에 정치를 하는데 엄청나게 큰 힘이 됐다.

곧이어 정치권에서 새로운 인연도 만나게 됐다. 정두언 의원의 소개를 받아 의원회관을 찾았다. 보수정당에서는 험지에 해당하는 양천을 지역구에서 3선을 한 김용태 의원실로 발길이 닿았다. 김용태 의원은 새누리당 전당대회에서 당 대표 출마를 준비하고 있었다. 개혁파, 소신파로 불리는 김용태 의원의 용기와 당당함에 반해 전당대회를 돕기로 했다. 그러나 아쉽게도 결과는 좋지 않았다. 결국 친박계로 불린 이정현 의원이 대표로 당선이 됐고, 그때부터 새누리당은 친박과 비박의 계파 갈등이 깊어지며 위험한 씨앗이 자라나기 시작했다.

하지만 결과와 무관하게 전당대회를 준비하며 배운 것이 적지 않았다. 총선 캠프와 전당대회 캠프는 규모와 운영 방식부터 달랐다. 정치권에서 다양한 형태의 선거를 겪으며 실무 경험을 쌓은 게 나중에 큰 자산이 됐다. 그리고 김용태 의원의 캠프에서 새누리당 청년들을 처음 만났다. 그때까지 당 생활을 한 적이 없었기에 청년 당원들과 부대끼는 것은 완전히 낯선 일이었다.

그때 만난 두 명의 청년 당원은 내 눈에 베테랑처럼 보였다. 지금 생각하면 고만고만한 풋내기 시절이지만 당 생활을 먼저 겪었다는 게 대단해 보이기도 하고, 신기하게도 느껴졌다. 새누리당 미래세대 위원장 김성용, 새누리당 대학생 위원장 박진호. 지금도 나와 떼려야 뗄 수 없는 사이로 끈끈하게 엮인 두 사람을 처음 만나게 된 곳이 바로 김용태 의원 캠프였다.

청년활동 with 김성용 행정관

김성용 미래세대 위원장은 송파병 당협위원장을 거쳐 윤석열 대통령 캠프에서 일정팀장을 맡았다. 이후 대통령실 행정관 청년 정책팀장으로 근무하며 나와 함께 정부의 청년정책과 행사를 주관하는 든든한 파트너가 됐다. 지금은 다시 출사표를 던지고 총선에 도전하는 어려운 길을 택했다. 박진호 대학생 위원장은 일찌감치 김포갑 당협위원장이 되어 지역을 누비고 다녔다. 나이는 한 살 어린 동생이지만 바닥 정치 경험은 누구에게도 밀리지 않는다. 21대 총선에서 최종 후보로 고배를 마시고, 4년을 원외 당협위원장으로 김포에서 힘든 시간을 버텼다. 당연히 22대 총선 재도전을 준비하며 김포의 길거리를 헤집고 다니는 중이다.

그리고 이런 우리를 아우르며 큰형님 역할을 해준 사람이 김용태 의원실의 강명구 보좌관이었다. 호탕한 웃음소리가 인상적인 명구 형님은 윤석열 대통령 캠프에서 전체 일정을 총괄했다. 대통령실에서는 부속실 선임행정관, 국정기획비서관을 역임하며 능력을 인정받았다.

아무리 생각해도 기막히고 신기한 인연이다. 2016년에 처음 만난 새누리당의 풋내기 청년들이 시간이 흐르면서 대선을 함께 치르고, 이제는 어엿한 대통령실 행정관과 당협위원장이 되어 총선의 주요 후보가 된 것이다. 버티기 어려운 정치판에서 끝까지 살아남아 조금씩 성장한 그들의 집념이 너무 자랑스럽다. 투철한 신념과 의지가 없다면 결국 쥐도 새도 모르게 사라지는 게 정치권의 청년들이다. 누구 하나만 성공한 게 아니라 순수한 열정으로 의기투합했던 김용태 의원 캠프의 청년들이 모두 제 몫을 하고 있다. 우리의 모습을 돌아보면 '강한 자가 오래 남는 게 아니라 오래 남는 자가 강한 것이다'라는 격언이 떠오른다. 나와 김성용 행정관, 박진호 당협위원장의 이야기가 정치권에 막 발을 내딛는 후배들에게 희망이 되면 좋겠다. 아무것도 아닐 때 만나게 된 인연을 소중히 여긴다면, 그리고 힘들 때 어깨를 내어주며 함께 버틴다면 언젠가 다 같이 빛을 보는 날이 온다. 우리가 바로 살아있는 증거다.

2.

물론 청년들에게 정치권에서 무조건 참고 버티라고 말하기에는 현실적인 어려움이 만만치 않다. 앞이 보이지 않는 사막을 걷는 것처럼 미래가 너무나 막막하게 느껴질 때도 있고, 정치권의 활동이 무의미하게 느껴질 때도 있을 것이다. 정당한 보상체계가 존재하지 않고, 내가 열심히 한다고 해서 그만큼 인정을 받을 수 있는 곳이 아니기 때문이다. 그 와중에 누군가 운 좋게 꽃가마를 타는 모습을 보면 질시와 허탈감이 동시에 밀려들 수밖에 없다.

그렇기에 믿고 통하는 동지를 만들어야 한다. 어려움을 함께 겪을 동지가 없다면 슬금슬금 정치권 주변부로 밀려나며 동력을 상실하기 쉽다. 워낙 살벌한 동네이기 때문에 정치권에서 만난 동지들은 전우애 비슷한 것을 느끼며 일반 직장의 동료와는 다른 끈끈함으로 엮이게 된다. 그 안에서 누군가 먼저 성공의 밧줄을 잡으면 분명 새로운 기회가 창출될 것이다. 동지라면 서로 질투는 금물이다. 대선 캠프로 당겨주는 것도, 국회 보좌진의 기회를 주는 것도, 언론이나 방송에 추천을 해주는 것도 먼저 앞서나간 선후배가 있기에 가능한 일이다.

무명의 청년 정치인, 아니 청년 시사평론가였던 시절에 만난 인연이 나를 버티게 만든 햇살 같은 원동력이었다. 결국 정치는 사람과 사람이 모여 더 많은 사람을 설득하는 일이다. 인간관계의 중요성을 간과하는 사람은 잠깐 반짝할 수 있어도 절대 오래갈 수 없다. 정치를 하면 할수록 주위 사람들이 떠난다면 그 끝은 결코 좋지 않을 것이다. 내 곁의 사람도 소중하게 여기지 못하면서 불특정 다수의 국민들을 귀하게 여긴다는 것은 모순이다. 그런 연기는 금방 들통나고 만다.

가진 것은 없어도 끈끈하게 뭉쳤던 우리는 또 하나의 새로운 세대를 형성하기 위해 노력하고 있다. 86 운동권이 정치에 진입한 이후 30년 가까이 다음 세대의 등장은 꽉 막혀 있는 게 현실이다. 민주당과 진보 진영에서는 86 다음 세대가 두각을 나타내지 못한다. 기껏해야 전대협에서 한총련으로 운동권 내부의 기득권을 나눠 먹는 수준이다. 반면 국민의힘과 보수 진영은 다르다. 우선 86보다 한 세대 젊은 X세대 기수 한동훈 법무부 장관이 국민적 주목을 받는 스타로 떠올랐다. 또 이명박 정부와 박근혜 정부 때는 30대와 40대 기수가 정치에 도전하는 게 무척 드문 일이었다면, 윤석열 정부의 젊은 비서관과 행정관들은 거침없이 총선에 출사표를 던지고 있다. 바로 지금이 기득권으로 변모한 86 운동권을 퇴장시킬 절호의 기회다. 그런 흐름을 만드는데 국민의힘 최고위원으로서, 그리고 방송국의 젊은 스피커로 힘을 보태는 것이 내게 주어진 시대적 소명이 아닐까.

확신할 수 있다. 7년 전 우리가 각각 최고위원, 대통령실 행정관, 당협위원장이 된 모습을 상상할 수 없었던 것처럼 10년 뒤에는 현재 국민의힘에서 고군분투하는 청년들이 대한민국을 이끌고 있을 것이다. 다가오는 22대 총선이 될지, 혹은 23대가 될지 모르지만 반드시 86 운동권을 몰아내고 새로운 세대로 대한민국 정치를 조금 더 낫게 만들 것이라고 믿어 의심치 않는다. 이토록 뚜렷한 목표가 없다면 정치를 계속하기 힘들다. 단순히 높은 자리와 명예, 권력을 탐했다면 무명의 청년 시절을 견뎌내지 못했을 것이다.

사람들은 여당의 최고위원이 되면 엄청난 권력을 누린다고 착각한다. 물론 과분하게도 많은 권한이 주어지지만, 동시에 너무 많은 책임과 부담을 감당해야 하는 자리다. 삶의 질로 따지면 얼마나 손해를 보는지 모른다. 꼭 참석해야 하는 회의, 끊임없이 밀려드는 축사 요청, 주말마다 지방을 돌아다니며 특강을 하다 보면 개인 시간을 갖는 게 사치처럼 느껴진다. 특히 나처럼 방송 출연을 많이 하며 정부와 당의 스피커 역할을 할 경우 정신적 스트레스도 어마어마하다. 말 한마디 잘못했을 때 밀려오는 후폭풍이 예전과 달리 뉴스를 강타하기 때문이다. 편안한 삶을 원한다면 결코 정치를 하지 않았을 것이다. 호의호식이 목표라면 정치 말고 할 수 있는 일이 훨씬 더 많다. 그럼에도 불구하고 나와 동지들이 무명의 청년 시절부터 지금까지 이를 악물고 정치에 뿌리를 내린 이유는 단 하나, 세상을 바꾸고 싶기 때문이다.

3.

뜻이 맞는 청년들과 함께 정치권에서 버티며 가장 어려웠던 적은 언제였을까. 누구나 탄핵이라는 다시는 꺼내고 싶지 않은 단어를 떠올릴 것이다. 김용태 의원이 도전했던 새누리당 전당대회에서 이정현 대표가 당선됐고, 정치 뉴스에는 매일 같이 친박 비박이라는 용어가 등장했다. 얼마 지나지 않아 이정현 대표의 사퇴를 주장하는 단식 농성이 펼쳐졌고, 이정현 대표도 단식을 하며 여당 꼴이 우스워졌다. 그러다 결국 정윤회 문건부터 최순실이라는 이름까지 나오며 탄핵이라는 폭풍에 보수 진영 전체가 휩쓸리고 말았다.

날벼락도 그런 날벼락이 없었다. 광화문 광장을 중심으로 촛불시위가 일어나며 정부를 향한 국민 여론은 분노로 들끓기 시작했다. 이정현 대표가 책임을 지고 당 대표 사퇴와 탈당이라는 강수를 뒀지만 민심을 수습하는데 별다른 영향을 끼치지 못했다. 매주 타오르는 촛불시위 정국에서 새누리당은 사분오열하며 오합지졸 같은 모습을 보였다. 청와대와 정부도 위기를 타개할 수 있는 골든타임을 놓치며 악화되는 여론에 기름을 부었다. 오죽하면 야당도 갈피를 잡지 못했다. 민주당과 국민의당도 처음에는 탄핵이라는 결과를 상상한 것은 아니었다. 만약 새누리당이 극단적 계파 갈등으로 분열하지 않았다면 탄핵까지 가는 것은 막았을지도 모른다. 예상할 수 없는 위기 앞에서 여당은 속절없이 무너져내렸고, 이것이 다른 나라에서 일어나는 정변이 아니라 내 눈앞에서 발생하고 있는 우리의 현실이라는 게 믿기지 않았다.

이대로 가면 보수라는 진영 전체가 몰락하는 것이 아닐까 하는 두려움을 느꼈다. 스물아홉의 나이, 젊은 보수라는 정체성을 확립하며 사회에 기여하겠다는 나름의 사명감을 쌓아가던 시기였다. 그때 찾아온 탄핵 광풍은 견디기 어려운 절망으로 다가왔다. 박근혜 정부에 대한 호불호를 떠나 보수라는 가치를 지키고 싶었다. 하지만 당시에는 무슨 말을 해도 국민들이 받아들이지 않는 분위기였다. 주위 사람들마저 새누리당이나 보수 이야기를 하면 고개를 돌렸다.

사실이나 논리 이전에 정서와 감정의 문제였다. 그때 깨달은 것이 바로 정치에서 정서가 가장 중요하다는 사실이다. 보수 우파는 진보 좌파에 비해 더 논리적이고, 팩트를 중시한다. 대한민국의 눈부신 산업화를 이끌었다는 자부심도 있다. 그래서 이따금 공감보다 설명을, 위로보다 비판을 중시하며 국민 정서와 멀어진다. 물론 국정 운영은 철저한 팩트를 기반으로 냉정하게 해나가야 한다. 그러나 정치는 결국 국민들의 마음을 얻는 일이다. 민심이 돌아서면 아무리 좋은 정책도 마음껏 펼칠 수 없다. 요즘도 유능함을 내세우는 엘리트들이 공감능력 부족으로 정치권에서 밀려나는 모습을 종종 보게 된다. 지금에 와서야 이런 깨달음을 방송 평론과 정치에 적용하려 노력하지만, 당시에는 어불성설이었다. 대한민국을 뒤흔드는 거대한 파도에 떠밀려 정신을 차리기 힘들었다.

급기야 특별한 병명도 없이 몸이 아프기 시작했다. 감기 몸살과 비슷한 열병이 올라 거의 한 달을 끙끙 앓아누웠다. 본격적인 정치인도 아니었지만 내가 몸으로 체득한 보수의 가치가 무너진다는 생각에 마음이 텅 빈 것처럼 괴로웠다. 몸이 아픈 것은 쳐다보기도 싫은 현실로부터 도피하기 위한 자발적 반응이 아니었을까 싶다. 하지만 몇 달 넘게 이어지는 탄핵 국면에서 뉴스를 보지 않을 수도 없었다. 비록 내가 국회의원이나 정당인이 아니라도 '자유주의' 활동을 하며 소셜 미디어의 2030들에게 적지 않은 영향을 끼쳤다는 책임감이 찾아왔다. 대체 보수 진영이 이토록 엉망이 된 이유가 무엇인지 심각하게 고민할 수밖에 없었다. 원인을 알아야 대책을 찾고, 다시는 이런 비극을 겪지 않을 것 같았다.

그때나 지금이나 내린 결론은 허망할 정도다. 견제받지 않는 권력의 일탈과 비선의 존재도 문제지만, 현실적으로는 지긋지긋한 계파 싸움이 질서 있는 퇴진 대신 탄핵이라는 극단적 결과를 만든 것이다. 새누리당은 보수를 표방하는 정당이지만 정작 보수의 가치를 놓고 싸우지 않았다. 시장 자유나 보수주의에 대한 가치 차이로 친박과 비박이 나눠진 게 아니었다. 차라리 정책과 가치로 치열하게 싸웠다면 서로 생각이 달라도 결정적인 국면에서 하나로 힘을 모을 수 있었을 것이다. 그러나 친소관계나 공천 문제로 대립했기 때문에 탄핵이라는 절체절명의 사태 앞에서도 분열을 거듭하고 말았다.

이 좁은 영토 안에서 지역감정이 존재하는 것도 요즘 청년들은 이해하지 못한다. 그런데 같은 정당의 사람들도 계파로 나눠어져 끼리끼리의 패거리 정치를 한다면 국민들이 과연 용납할 것인가. 상대 계파를 오히려 민주당보다 더 미워하고 말살하려는 태도는 정당 정치를 좀먹고, 끝내 탄핵이라는 비극까지도 초래하게 만들었다. 물론 정치를 하다 보면 당 안에서 의견이 갈릴 때가 있다. 당내투쟁이 전부 무용한 것은 아니다. 하지만 적어도 어떤 가치를 지향하는지, 정책의 차이가 무엇인지 등 국민이 납득할 수 있는 이유로 싸워야 한다. 싸움 자체가 나쁘다기보다는 도무지 이해할 수 없는 명분으로 싸우는 게 문제다.

그리고 또 한 가지 중요한 것은 소통이다. 다들 소통, 소통하지만 권력을 잡을수록 제대로 된 소통이 어려워진다. 박근혜 전 대통령도 최근 중앙일보 회고록을 통해 여당과 소통하지 못했던 아쉬움을 드러냈다. 김무성 전 대표가 대통령을 만나자고 했을 때 그런 보고를 듣지 못했다고 했다. 소위 청와대의 문고리들에게 막혀 여당 대표급 인사의 요청도 외면한 셈이다. 그때 조금 더 열린 마음으로 사람들을 많이 만나고, 다른 입장의 이야기도 들으면 좋았을 것이라는 후회를 회고록에서 느낄 수 있었다. 그만큼 소통의 부재가 청와대와 여당 사이 오해를 낳았고, 풀리지 않은 실타래로 엉켜버렸다.

탄핵이라는 사상 초유의 사태를 딛고 당선된 문재인 전 대통령도 은둔형 지도자였다. 겉으로는 탁현민이 연출한 쇼로 국민들과 소통하는 척 이미지를 만들었지만, 실제로는 소수의 측근들과 있을 때도 말을 거의 하지 않아 참모들이 답답해한다는 풍문이 떠돌았다. 대한민국 역사상 최악의 부동산 정책을 펼치고도 국민들의 절규를 끝내 외면했으니 역시 소통에 있어서는 0점을 줘도 과하지 않다. 그렇기에 대통령 직선제가 도입된 이후 최초로 5년 만에 정권교체를 당하게 된 것이다.

구중궁궐 같은 청와대에 들어가 소통을 하지 않으면 탄핵이든 정권교체든 엄혹한 대가를 치른다. 그런 점에서 청와대를 개방하고 용산 대통령실로 이전해 국민들 가까이 다가온 윤석열 대통령의 결단을 높이 평가할 수밖에 없다. 한편으로는 정치 지도자에게 외향적 성격이 필수라는 생각도 들었다. 요즘 유행하는 MBTI로 따지면 E에 해당하는 사람이 지도자가 돼야 한다. 다양한 사람과 만나는 것을 즐기고, 민생 현장으로 나가서 생생한 목소리를 들을 때 비로소 소통하는 지도자가 되는 것이다. 이런 관점에서 인싸라고 불리는 윤석열 대통령의 외향적 성격은 분명한 장점이다. 외교 무대에서도 여러 정상들과 격의 없이 어울리며 친교를 다지는 모습을 보면 정치 지도자가 외향적일 필요를 알게 된다.

끝이 보이지 않던 탄핵 정국에서 나는 보수와 자유주의가 무엇인지 고민했고, 대한민국을 제대로 이끌 수 있는 지도자의 모습을 머릿속에 그려나갔다. 절망은 깊었지만 여기서 포기할 수는 없었다. 이 혼란을 딛고 보수정당을 새롭게 재구성할 누군가 나타나리라 희망을 품었다. 오랜 시간이 걸렸지만, 탄핵은 정치의 본질을 사유하게 만든 시간이었다. 열병을 앓으며 끙끙거렸던 그때의 아픔이 마냥 승승장구하는 것 같은 청년 최고위원 장예찬의 토대라고 할 수 있다.

내가 어찌할 수 없는 거대한 정치의 흐름 앞에서 때를 기다렸다. 지나간 책 제목이지만 '아프니까 청춘이다'라는 말이 딱 어울리는 시기였다. 정치 현실을 정면으로 돌파할 힘과 실력은 아직 준비되지 않은 상태였다. 그래서 더 아팠는지 모를 일이다. 다가올 미래를 전망하기에는 식견이 짧았고, 마음에 품은 이상은 가진 능력보다 원대했다. 길을 잃고 헤매는 게 당연한 일이었다. 그러나 그때의 혼란과 아픔을 겪지 않았다면 자리만 탐하는 그저 그런 정치 낭인이 됐을지도 모른다. 상처 위로 돋아난 새살이 더 단단하듯 나의 정치도 새로운 단계로 들어서고 있었다.

3

반기문 UN 사무총장과 짜장면을 먹다

세계잼버리 퇴영식에서

–

3. 반기문 UN 사무총장과 짜장면을 먹다

1.

박근혜 전 대통령의 지난한 탄핵의 과정을 거치면서 나는 정치가 무엇인지, 특히 보수와 자유주의가 어떤 가치를 지니는지 많은 고민을 하게 되었다. 한편으로는 보수 진영이 이렇게 몰락할 수도 있다는 충격 속에서 나라의 미래를 담보할 수 있을까 근심과 걱정이 깊어졌다. 지금과 비교하면 그 무엇도 아닌 청년의 한 사람이었지만 불면의 밤을 보내는 날이 허다했다. 답이 나오지 않는 고민을 계속해서 반복하는 날들이었다. 그럼에도 불구하고 고민의 끝은 하나로 귀결됐다. 아무리 어렵고 황망한 상황이라도 민주당이 정권을 잡아서는 안 된다는 것이다. 온 국민이 촛불을 들고, 헌법재판소가 언제 탄핵 결정을 내릴지 모르지만 대한민국의 미래를 민주당에게 맡길 수 없다는 생각은 가슴 깊은 곳에서 더 강하게 타올랐다.

현실을 경험하며 젊은 보수의 정체성을 확고하게 다진 뒤로는 진보라는 탈로 위장한 좌파들의 위선과 무능에 치를 떨었기 때문이다. 특히 강남좌파로 불리는 인간 군상들의 내로남불은 10대와 20대, 나아가 30대까지 포함한 청년세대를 젊은 보수로 만들고 있었다. 탄핵이라는 거대한 파도가 나라를 덮쳐도 가만히 앉아 있을 수만은 없었다. 비록 보수 정치는 실패했을지 몰라도 지향해야 할 가치마저 사라지게 두는 것은 절대 안 될 일이었다.

절망에서 벗어나 지푸라기라도 잡고 싶었던 때, 마침 운명 같은 연락이 왔다. 김용태 의원의 전당대회 캠프에서 만나 인연을 맺었던 김성용 미래세대 위원장이 커피나 한잔 마시자고 전화를 건 것이다. 보수라는 가치를 두고 뜨겁게 토론하던 젊은 친구들 대다수가 뿔뿔이 흩어져 수면 아래로 침잠하고 있었기에 무척 뜻밖의 전화였다. 단순히 회포를 풀고 싶다면 커피 대신 소주를 마시자고 하지 않았을까. 커피를 마시자는 것은 일 이야기를 하겠다는 뜻인데, 이 상황에서 대체 무엇을 도모할 수 있을까. 여러 궁금증과 기대를 품고 여의도 카페로 나갔다.

"반기문 UN 사무총장님 알지?"

뜬금없는 질문에 황당한 표정으로 고개를 끄덕였다. 대한민국에서 반기문 총장을 모르는 사람은 없을 것이기 때문이다. 특히 2016년 연말에는 UN 사무총장 퇴임을 앞둔 반기문 총장이 대선 잠룡으로 떠오르고 있었다. 촛불시위와 국정농단 게이트로 난리가 났어도 국민들은 민주당과 문재인 전 대통령에게 쉽게 마음을 주지 않았다. 그만큼 문재인이라는 정치인은 우리 국민들에게 낙제점을 받은 인물이었다. 다시 돌이켜 봐도 문재인 전 대통령이 당선되고, 도보다리 회담 연출 같은 위장 평화쇼로 높은 지지율을 기록한 것은 대한민국 역사의 비극이다. 오죽하면 탄핵 광풍이 불어닥칠 때도 국민들은 문재인보다 반기문 UN 사무총장에게 더 큰 기대를 걸고 있었다.

당시 반기문 총장은 아직 UN에서 남은 임기를 보내고 있었다. 대선 출마나 정치 참여 선언을 공식화하기 전이었다. 그럼에도 여론조사 지지율 선두권을 기록하며 대안으로 떠올랐다. 기존 정치에 염증을 느낀 국민들이 새로운 인물을 간절히 원했던 것이다. 그러나 정치 상황은 무척 혼란스러웠다. 헌법재판소의 탄핵 판결은 언제 나올지 알 수 없었고, 국민적 존경을 받는 반기문 총장이 정치라는 험한 바닥에 뛰어들지도 장담하기 어려웠다. 그런데 대뜸 반기문 총장을 돕자는 말을 들으니 깜짝 놀랄 수밖에 없었다.

알고 보니 정치권 곳곳에서 반기문 총장을 위한 대선 캠프를 준비하고 있었다. 원래 차기 주자 지지율이 높게 나오면 본인의 의사와 무관하게 온갖 캠프가 다 만들어진다. 물론 당사자와 교감을 나눈 캠프도 있고, 정말 아니 땐 굴뚝에 연기 나는 여의도 업자들의 허풍스러운 캠프도 존재한다. 그때까지만 해도 현실 정치에 대해 잘 몰랐고, 대선을 직접 경험해본 적이 없었기에 짐작하지 못하던 사실이었다. 그저 이 어려운 시국에 대한민국을 위해서 뭐라도 할 수 있다는 사실에 가슴이 뛰었을 뿐이다.

이것저것 따지지 않고 고개를 끄덕였다. 반기문 총장에 대한 호감도 있었지만, 그보다 탄핵 이후 무기력하게 쓰러지는 보수를 바로 세워야 한다는 나름의 사명감이 더 크게 작용했다. 진짜 솔직하게 말하면 문재인이라는 정치인이 대통령이 되는 모습은 죽어도 보기 싫었다. 그것만 막을 수 있다면 지푸라기라도 잡는 심정으로 발버둥을 치고 싶었다.

내게 제안을 한 김성용 미래세대 위원장은 어린 시절부터 정당에서 별꼴을 다 본 청년 정치인이다. 좋을 때도 있었지만 나쁠 때가 더 많았다고 한다. 그래서 때로는 시니컬하게 느껴지던 그가 이상한 사기꾼에게 속아 캠프 참여 제안을 할 것 같지는 않았다. 무엇보다 김성용 위원장, 아니 성용이 형의 눈빛에서 나와 비슷한 절박함을 느꼈다. 이대로 주저앉을 수 없다는 심정으로 뜻이 통했고, 우리는 얼마간 기다림의 시간을 보낸 후 면접을 보게 됐다.

광화문의 사무실에서 두 사람을 만났다. 한 명은 반기문 총장의 외교부 측근이었다. 그리고 또 한 명은 이명박 정부 청와대에서 고위직으로 일했던 홍보 전문가였다. 긴장했던 것이 무색하게 편안한 분위기에서 질문을 받았고, 강한 의지를 담아 자신을 소개했다. 나이는 어리지만 라디오 방송에 꾸준히 출연하는 점, 무엇보다 페이스북 같은 소셜 미디어 홍보로 성과를 올린 점이 인정받는 눈치였다. 덕분에 SNS 홍보팀에 합류하게 됐다. 함께 면접을 본 김성용 미래세대 위원장은 반기문 총장의 일정을 준비하는 팀에 배치가 됐다. 사실 유력 대선주자의 캠프에 자리를 얻는 것은 예나 지금이나 무척 어려운 일이다. 그런데 기다렸다는 듯 일이 진행됐던 것을 보면 이러나저러나 정치를 할 수밖에 없는 운명일지도 모르겠다.

2.

우리는 반기문 총장이 귀국하기 전부터 마포에 위치한 트라팰리스 빌딩으로 출근하기 시작했다. 알고 보면 이미 반기문 총장을 도우려는 대선 캠프가 곳곳에 존재하고 있었다. 정치권의 거물이 직접 참여한 캠프도 있었다. 하지만 반기문 총장의 울타리인 외교부 출신 측근들이 가장 많이 모인 캠프가 바로 트라팰리스 캠프였다. 여의도에서는 그곳을 마포 캠프라고 불렀다. 여러 캠프 중 단번에 마포 캠프의 면접을 보고 출근하게 된 것도 기막힌 행운이었다. 메인 캠프가 아닌 외곽의 캠프에서 고생을 해봤자 직계가 아닌 방계가 되기 때문이다. 마포 캠프에 출근을 하며 정치권의 내밀한 이야기를 가까이서 접하게 됐다. 그 자체로 돈 주고도 할 수 없는 현실 정치 수업을 받는 셈이었다.

물론 대선 캠프에서 막내로 일하는 게 쉬울 리 없었다. 반기문 총장이 귀국하기 전부터 매일 아침 7시에 출근하고, 늦으면 밤 10시나 11시에 퇴근하는 날들이 이어졌다. 주말이 따로 없는 것은 당연한 일이었다. 무급에 심지어 밥값도 나오지 않았지만 전혀 불만스럽지 않았다. 마포 캠프의 선배님들, 그리고 이곳에 드나드는 거물급 정치인들을 보며 진짜 대선을 준비한다는 것이 느껴졌기 때문이다. 아마 반기문 UN 사무총장의 캠프에 들어오고 싶은 사람을 줄 세우면 마포대교 넘어 국회까지 대기가 이어질 게 분명했다. 정치권에서 대선 캠프에 들어간다는 게 무슨 의미인지 점차 피부로 와닿았다.

그만큼 최선을 다했다. 아직 반기문 총장은 귀국하지도 않았고, 얼굴 한 번 본적이 없었지만 희망이 생겼다는 것만으로 만족했다. 너무 힘든 날은 트라팰리스 빌딩 맞은편에 있는 마포 가든 호텔에서 눈을 붙이고 다음날 출근할 정도였다. 마포 캠프 합류하면서 라디오 시사평론도 그만뒀다. 내가 가장 자부심을 느끼는 일이 라디오 고정 출연이었는데, 그마저도 중단할 정도로 대선 준비에 진심이었다. 웹소설을 쓰는 일도 뒷전으로 밀릴 수밖에 없었다. 차분하게 모니터 앞에 앉아 상상력을 발휘하고 글을 쓸 시간 자체가 주어지지 않았다. 아침부터 밤까지 어떤 방식으로 반기문 총장의 소셜 미디어를 구축할지 고민했다. 때로는 무슨 일을 어떻게 해야 할지 몰라 막막하기도 했다. 모아둔 돈을 쓰느라 잔고가 가벼워지는 것도 스트레스였다. 하지만 대선 캠프에서 빠질 생각은 1%도 한 적이 없었다. 좌고우면하지 않고 애타는 마음으로 반기문 총장의 귀국을 기다렸다.

3.

드디어 그날이 왔다. 반기문 UN 사무총장이 10년의 임기를 마치고 대한민국에 돌아온 것이다. 정치권뿐 아니라 언론도 엄청난 관심을 가졌다. 과연 흔들리는 보수 진영을 구원할 구세주가 될 것인가, 아니면 새로운 3지대가 탄생할 것인가. 반기문 총장이 공항에 도착해 무슨 말을 할지가 초미의 관심사였다. 마포 캠프에서 오매불망 반기문 총장의 귀국만 기다리던 내게도 설렘을 확인할 시간이 찾아왔다. 어느새 두 달 남짓한 시간을 함께 보낸 마포 캠프 멤버들은 TV로 공항 생중계를 시청했다. 반기문 총장의 귀국 일성은 국민적 기대감을 증폭시키기 충분했다.

"국민대통합을 반드시 이뤄내야 합니다. 패권과 기득권 더 이상 안 됩니다. 우리 사회 지도자 모두가 책임이 있습니다. 이들 모두 이제는 책임감, 남을 먼저 생각하는 배려, 그리고 희생정신이 필요합니다. 우리 젊은이들이 희망을 가지고 자신감을 가지고 미래의 진정한 지도자가 될 수 있도록 우리가 노력하고 제가 UN 사무총장으로서 겪은 여러 가지 경험과 식견을 가지고 젊은이의 보다 밝은 미래를 위해서 길잡이 노릇을 하겠습니다. 우리 모두가 힘을 합친다면 반드시 이 난국을 이겨낼 수 있습니다. 우리 민족은 슬기와 용기, 단합된 힘으로 이겨낸 그런 유전자가 우리 몸에 있습니다."

혼탁하고 암울한 분위기에서 미래와 희망을 말하는 반기문 총장의 메시지는 한 줄기 빛과 같았다. 지금 다시 봐도 여전히 손색이 없는 메시지다. 특히 정치인과 지도자들에게 책임감을 요구한 대목도 국민들의 공감을 사기 충분했다.

"존경하는 국민 여러분, 그간 저는 UN사무총장으로서 쌓아온 국제적 경험과 식견을 어떻게 나라를 위해서 활용할 수 있을까 진지하게 성찰하고 고뇌해 왔습니다. 많은 분들이 저에게 권력의지가 있느냐 이렇게 물어봤습니다. 그분들이 말씀을 하신 권력의지가 이 분열된 나라를 하나로 묶어서 다시 세계 일류 국가로 만드는 데 노력을 하는 그런 의지라면 저는 분명히 제 한 몸을 불사지를 각오가 돼 있다고 이미 말씀을 드렸고 그 마음에 변함이 없습니다."

이 대목에서는 마포 캠프에서 박수가 터져 나왔다. 사실상의 정치 참여 및 대선 출마 선언처럼 들렸기 때문이다. 반기문 총장은 평생 외교관으로 살아왔기 때문에 권력의지가 있겠냐는 물음표가 따라붙었다. 그런데 귀국 일성으로 세간의 우려를 불식시킨 것이다. TV로 귀국 기자회견을 지켜본 나도 남몰래 주먹을 꽉 쥐었다. 지푸라기라도 잡는 심정으로 대선 캠프에 참여했지만, 지푸라기가 아닌 희망의 동아줄을 잡았다는 확신이 들었다. 반기문 총장이라면 탄핵 정국을 돌파하고 문재인의 집권을 막아낼 것 같았다.

4.

다만 아쉬운 점도 없지 않았다. 반기문 총장이 아닌 주위 사람들이 문제였다. 귀국 기자회견을 하는 반기문 총장 뒤로 하얀색 목도리를 두른 험악한 인상의 중년 남성들이 줄지어 서 있었다. 외곽의 어느 캠프에서 단체로 공항에 나온 모양이었다. 긍정적인 이미지를 형성하는데 도움이 안 되는 그림이었다. 무슨 수를 써서라도 반기문 총장의 주변에 이상한 사람들이 도열하지 못하게 막았어야 했다.

언론도 눈을 부릅뜨고 반기문 총장이 실수하기만 기다렸다. 공항열차 티켓을 사는 기계에 지폐를 넣는 장면, 편의점에서 외국 생수를 들었다 놓는 장면 등 아무리 생각해도 뉴스거리가 아닌 사진을 마치 대단한 뉴스인 것처럼 확대했다. 좌파 진영에서는 민주당 집권의 유일한 대항마인 반기문 총장을 흠집 내기 위해 물불을 가리지 않았다. 일부 언론도 왜곡된 시각으로 반기문 총장을 따라다니며 사냥감 노리듯 스토킹에 가까운 취재를 일삼았다. 실수가 아닌 게 실수로 둔갑하고, 논란이 아닐 일들이 억지 논란이 되어 온라인을 뒤덮었다.

언론이 주요 공직자나 대선 후보를 일일이 뒤쫓는 이유는 국민의 알권리를 위해서다. 그것을 이해하지 못할 것은 아니다. 하지만 당시 반기문 총장에게 가해진 언론의 취재 양상은 달을 가리키는데 손가락만 보는 격이었다. 국민대통합을 이야기하며 대한민국의 새로운 길을 고민하는 지도자, 해외에서 더 인정받는 글로벌 지도자를 제대로 평가하지 않았다. 반기문 총장이 어떤 생각을 하는지, 어떤 대안을 가졌는지 취재하기보다 너무 사소한 문제로 가십을 만드는데 치중했다.

물론 언론 탓만 할 것은 아니다. 민주당은 온라인을 중심으로 엄청난 조직을 구축해 대선을 준비하고 있었다. 온갖 커뮤니티와 소셜 미디어에서 가짜 뉴스를 퍼트리는 전사들이 즐비했다. 강성 팬덤인 대깨문이나 개딸의 원형이 그때부터 갖춰졌던 셈이다. 그에 비해 보수 진영은 한 발 뒤져 있었고, 정당의 도움을 받지 못한 반기문 총장의 캠프는 상대적으로 허술할 수밖에 없었다. 반추해 보면 반기문 총장이 굳이 귀국 직후 전국을 돌아다니는 일정을 수행할 이유가 있었을까 싶다. 헌법재판소의 판결도 나오기 전이라 언제 어떤 결론이 나올지 불확실한 시기였다. 조금 더 여유를 갖고 휴식을 취하며 한국에 적응했다면, 그렇게 완급조절을 하며 일정과 메시지를 늘렸다면 어땠을까.

결과론적인 이야기지만 정치 또한 전문직인데 마포 캠프에는 직업 정치인의 숫자가 너무 적었다. 그래서 일찌감치 정당에 들어갔다면 대선의 결과가 달라졌을 것이다. 하지만 보수와 진보를 초월해 중도를 아우르는 국민대통합을 추구했던 반기문 총장 입장에서는 섣부른 입당을 결정할 수 없었다. 시간이 지나 돌아보니 아쉬운 것이지 다 나름의 이유가 있었을 것이다. 구구절절 사연을 말할 수는 없어도 기성 정치인들의 이기적인 행태와 간을 보는 모습 또한 실망스러웠다. 그러나 분명한 사실은 정치는 전문 영역이라는 점이다. 누구나 할 수 있는 일이지만, 정치적 경험이 부족한 상태에서 곧바로 뛰어들면 시행착오를 거칠 수밖에 없다.

마포 캠프에서 내 위치는 막내 중의 막내였다. 트라팰리스 빌딩에 자유롭게 출입하는 상근자는 20명 정도에 불과했다. 하지만 회의가 열리면 전직 장관부터 국회의원까지 거물급 인사들이 좁은 거실을 빼곡하게 채웠다. 그렇기에 아쉬움을 느껴도 의견을 제시할 수 없었다. 그럴만한 입장도 아니었고, 나 역시 매일 급변하는 상황 속에서 정신을 차리기 힘들었다.

대신 두고두고 남을 교훈을 얻은 것은 확실하다. 마포 캠프에서 느낀 아쉬움과 경험이 정치적 자양분이 됐다. 5년이 지나 윤석열 대통령 캠프에서 고군분투하며 종종 마포 캠프를 떠올렸다. 그때 그 경험이 없었다면 윤석열 대통령 캠프에서도 훨씬 더 많은 시행착오를 겪었을 것이다. 씨를 뿌리지 않고 열매를 얻을 수는 없다. 나를 비롯한 여러 사람들이 마포 캠프의 경험을 바탕으로 성장해 2022년 정권교체에 기여했다. 정치는 단절된 점이 아니라 끝없이 이어지는 선이다. 헛된 경험은 하나도 없고, 어디서든 배우고 남는 게 있는 것이다.

5.

생애 첫 대선을 경험하며 가장 기억에 남는 장면은 의외로 거창한 순간이 아니었다. 마포 캠프의 거실 겸 회의실에서 반기문 총장과 함께 짜장면을 먹었던 일요일 점심이 가장 먼저 떠오른다. 트라팰리스 빌딩은 일종의 임시 캠프 내지는 전초기지였다. 정식으로 대선 출마를 선언하면 제대로 된 규모의 캠프를 여의도에 차릴 계획이었다. 그렇기에 사무실이라고 해도 방 3개짜리 조금

청년재단 이사장이 되어 다시 만난 총장님

큰 평수의 오피스텔이었다. 하지만 공간의 크기와 무관하게 정치적 위상은 절대 얕잡아볼 수 없었다. 온갖 정치인들이 한 번이라도 마포 캠프에 들어와 반기문 총장에게 인사하고 얼굴 비추기를 원했다. 나는 비록 막내였지만 언제든 출입할 수 있는 상근 직원이라는 게 정치권에서는 부러움의 대상이었다. 그때 살면서 가장 많은 정치인들을 직접 봤고, TV에 나오는 유명인사들이 대선 주자 앞에서 어떤 모습이 되는지 두 눈으로 지켜볼 수 있었다.

그러던 어느 일요일, 모처럼 외부 일정이 없었는지 반기문 총장이 캠프 식구들과 함께 점심을 먹자고 제안했다. 사무실에는 7명 정도만 남아 있었던 것 같다. 메뉴는 언제 시켜도 이상하지 않은 중국 요리였다. 짜장면과 짬뽕, 탕수육이 배달되고 기다란 테이블에 반기문 총장과 같이 나란히 둘러앉았다. 그런데 어쩌다 보니 내가 반기문 총장 바로 옆자리에 앉게 됐다. 원래라면 직급에 따라 상석 개념이 철저하게 지켜진다. 그러나 반기문 총장부터 권위적인 것과 거리가 먼 인물이었고, 캠프 분위기도 그렇게 딱딱하지 않았다.

바로 옆자리에서 반기문 총장의 이야기를 들으며 짜장면을 먹는데 기분이 이상했다. 역사의 한 페이지에 들어와 식사를 하는 느낌이었다. 전세계의 대통령, 지구의 총리라고 불러도 과언이 아닌 UN 사무총장이 내 옆에서 손수 짜장면 비닐을 뜯고 탕수육을 나눠 준다는 게 도무지 믿기지 않았다. 나름 아무렇지 않은 척 식사를 했지만 사실은 짜장면이 어디로 넘어가는지 모를 만큼 신기하고 색다른 경험이었다. 반기문 총장은 우리에게 뭐라도 가르쳐주고 싶은 선생님처럼 부담스럽지 않게 조곤조곤 자신의 생각을 말해줬다. 국제무대에서 느낀 대한민국 위상, 외교적으로 나아가야 할 길, 한국 사회의 통합을 가로막는 문제점 등 다양한 주제가 짜장면보다 더 맛있는 반찬이 됐다.

반기문 총장은 세상에 알려진 것 이상으로 소탈한 분이다. 권위라는 단어와 가장 어울리지 않는 사람이 있다면 바로 반기문 총장일 것이다. 오랜 공직생활 때문일까. 그렇게 생각하기에는 고위 공직에 올라 거만해진 사람이 너무 많다. 반면 반기문 총장은 끝없는 자기관리로 낮은 자세가 몸에 배 있었다. 겸손이라는 단어가 무엇을 뜻하는지 알고 싶으면 반기문 총장에게 그 답이 있다. 예전에 모셨던 분이라고 굳이 아부를 떠는 게 아니다. 그럴 필요도, 그럴 이유도 없다. 지금보다 더 피 끓는 20대 후반 시절 만났던 반기문 총장의 인품에 진심으로 반했기에 있는 그대로를 증명할 따름이다. 한참 막내인 나에게도 언제나 존댓말을 썼고, 말이 아닌 행동으로 존중받는 느낌을 들게 했다.

그런 모습들이 놀랍다 못해 충격적이었고, 절대 잊을 수 없는 상징적 기억이 되어 여전히 가르침을 주고 있다. 식사를 마치고, 빈 그릇을 정리하는 일도 누가 먼저랄 것 없이 함께 했던 기억이 난다. 그때 다짐했다. 반기문 총장처럼 온 세상의 존경을 받는 사람도 이렇게 인간적인데 나도 나중에 혹시 큰 인물이 되거나 유명해져도 변하지 않아야겠다, 사람을 귀하게 여기며 절대 교만해지지 않아야겠다고. 그 다짐을 잘 지키고 있는지 모르겠다. 솔직히 말하면 젊은 나이를 핑계로 실수를 저지르고 합리화할 때도 많다. 그러나 반기문 총장과 함께 먹은 짜장면은 인생의 나침반이 되어 내가 선을 넘으려 들 때마다 꽉 붙잡아줄 것이다.

6.

또 하나 생각나는 추억이 있다. 반기문 총장이 귀국하면서 국내에서 사용할 스마트폰을 만들어야 했다. 캠프에서는 막내인 내게 심부름을 시켰다. 공식적으로 사용할 전화 하나, 그리고 가족과 소수의 측근만 번호를 알 수 있는 개인 전화까지 2대가 필요했다. 심부름을 맡은 덕에 반기문 총장의 여권을 받아 마포 캠프 1층 핸드폰 가게로 내려갔다. 그런데 30대 중후반 정도로 보였던 핸드폰 가게 사장이 본인이 직접 와야만 전화를 개통할 수 있다고 말했다. 당황했지만 빈손으로 돌아갈 수 없었다. 스마트폰 개통도 제대로 못 해서 반기문 총장을 귀찮게 만들고 싶지 않았다. 잠시 고민하다 품에서 슬며시 여권을 꺼냈다. 그리고 자초지종을 설명하며 다시 한번 부탁했다. 놀랍게도 반기문 총장의 여권을 본 직후 핸드폰 가게 사장의 태도가 180도 바뀌었다. 그는 자신도 반기문 총장의 열렬한 팬이라며 흥분한 기색이었다. 이윽고 어디론가 전화를 걸더니 예외를 인정받고 즉각 개통이 되도록 편의를 제공해줬다. 다른 곳이 아닌 자기 가게에서 반기문 총장의 전화를 개통해 영광이라는 말도 덧붙였다. 졸지에 나도 어깨가 으쓱해졌다.

현장에서 만나는 수많은 국민들이 핸드폰 가게 사장처럼 반기문 총장을 환영했다. 언론과 온라인의 가짜뉴스 공작이 이어져도 우리나라를 대표하는 전세계적 인물에 대한 국민적 호감은 탄탄하다고 느껴졌다. 나도 캠프에서 일을 하면 할수록 반기문 총장의 팬이 됐다. 그분의 전화기를 손수 개통해서 드렸다는 사실이 어린 나이의 내게는 너무 영광스러운 일이었다. 기자들과 정치인들이 아는 공식 번호 말고, 개인 핸드폰 번호까지 자연스레 안다는 사실도 뿌듯했다. 지지율이 오르고 내리는 것은 일시적 현상이고, 바른정당을 시작으로 보수 진영을 규합하면 확고부동한 대선 주자로 문재인과 1:1 대결을 펼칠 게 분명해 보였다.

그래서 반기문 총장의 대선 불출마가 더욱 아쉬울 수밖에 없었다. 적지 않은 어려움이 있었지만, 반기문 대 문재인의 대통령 선거가 될 거라고 믿었다. 그날도 우리는 본격적인 대선 준비를 위해 동분서주하고 있었다. 마포 캠프를 떠나 여의도의 명당 대하빌딩으로 이전하는 준비도 한창이었다. 새로운 인물도 가세하며 캠프의 세가 불어났다. 19대 국회의원이었던 심윤조 의원이 상황실장으로 내정됐다. 나도 캠프의 일원으로 심윤조 의원과 인사를 나눴다. 오세훈 서울시장의 합류도 기정사실이 되는 분위기였다.

여의도로 가면 진짜 전쟁이 시작되는 것이다. 다들 기대에 찬 얼굴이었다. 그 시각, 내가 소속된 SNS 홍보팀은 외부에서 선거 관계자들과 미팅을 하고 있었다. 그러나 갑작스러운 소식이 전해졌다. 2017년 2월 1일 오후 3시 30분, 반기문 총장의 기자회견이 잡혔다. 무슨 내용인지 누구도 알 수 없었다. 언론은 추측성 기사를 속보로 쏟아냈다. 마포 캠프의 식구들은 비장한 표정으로 사무실에 모였다. 무거운 침묵이 감돌았다. 다들 TV 화면만 바라보며 기자회견이 시작되기를 기다렸다.

결국 반기문 총장은 대선 불출마를 선언했다. 누구도 쉽게 이렇다저렇다 말을 꺼내지 못했다. 극복하기 힘든 충격과 침묵이 마포 캠프를 짓누르고 있었다. 곧이어 기자회견을 마친 반기문 총장이 캠프로 돌아온다는 사실을 알게 됐다. 외곽 캠프의 주요 인사들도 급히 트라팰리스 빌딩으로 들어와 반기문 총장을 기다렸다. 다들 어떤 기분이었을까. 개인의 정치적 선택이 좌절됐다는 것 이전에 세계적 지도자를 불출마로 내몬 언론과 기성 정치권이 너무 원망스러웠다. 한숨이 나왔지만 분위기를 더 무겁게 만들 것 같아 꾹꾹 눌러 담았다. 캠프의 선배들도 마찬가지였을 것이다. 슬프고 허망했지만 다들 감정을 함부로 드러내지 못했다.

마포 캠프로 돌아온 반기문 총장은 평소처럼 인자한 미소를 지었다. 그러나 어딘지 힘이 빠져 보였다. 예상하지 못한 작별 의식이 거행됐다. 반기문 총장은 캠프에 모인 사람들 모두와 일일이 악수를 하며 정말 미안하다고 말했다. 그리고 담담하게 자신의 소회를 밝혔다. 그 목소리를 듣는데 눈물이 맺히는 것 같았다. 눈물을 참지 못한 것은 나 혼자가 아니었다. 마포 캠프를 총괄했던 좌장 김숙 UN 대사도 눈물을 뚝뚝 흘렸다. 외교관뿐 아니라 국정원 차장도 역임한 김숙 대사는 상남자의 표본처럼 보이는 어른이다. 첫인상부터 카리스마라는 단어가 절로 떠오른다. 그만큼 무게감 넘치고 과묵한 어른이 굵은 눈물을 흘리는 것을 보며 어느새 내 얼굴 위로도 눈물이 줄줄 지나가고 있었다.

7.

그날 밤, 마포 캠프의 청년들이 모여 여의도 선술집에서 소주를 마셨다. 나는 술을 즐겨도 웬만해서는 과하게 마시지 않는 편이다. 하지만 그날은 달랐다. 1차에서 얼마를 마셨는지 모른다. 자리에서 일어나 2차로 이동하는 길에 서러운 마음이 북받쳐 길바닥에 주저앉고 말았다. 부끄럽지만 세상이 떠나가라 엉엉 울면서 통곡을 했다. 반기문 총장을 위해 쏟은 시간과 노력이 아까워서가 아니다. 가까이서 지켜본 반기문 총장은 대한민국을 이끌 자격이 충분한 지도자였다. 갈기갈기 조각난 한국 사회에 통합이라는 치료제를 처방할 적임자라고 믿었다. 그런데 하루아침에 모든 게 물거품이 된 것이다.

연거푸 이어진 정치적 실패, 대한민국의 미래가 어디로 갈지 모른다는 불안은 무섭고 차갑게 나를 덮쳤다. 정두언 의원도 20대 총선에서 낙선을 경험했다. 김용태 의원도 전당대회에서 당 대표로 선출되지 않았다. 거기에다 반기문 총장도 대선을 포기했다. 결과적으로 내가 참여한 3번의 선거에서 고배를 마신 것은 부정할 수 없는 사실이었다.

내 부족함 때문이든 운이 없는 것이든, 나와 정치는 맞지 않는다는 느낌을 받을 수밖에 없었다. 동시에 정치라는 일은 내가 잘하고 못하고를 떠나 거대한 흐름에 의해 지배를 받는다는 생각을 하게 됐다. 나는 그저 누군가 움직이는 장기판의 졸(卒)에 불과했다. 지금 같은 위치에서 정치를 계속하는 이상 내 운명을 스스로 결정할 수 없다는 무력감이 들었다. 여의도의 차디찬 길바닥에서 대성통곡을 하던 날, 이제 정치권의 일을 멀리하겠다는 결심을 했다. 큰 포부를 품고 들어와 빈손으로 떠나게 됐다는 좌절을 느낀 것이다.

그러나 빈손인 줄 알았는데 내가 모르는 보물들이 쌓여가고 있었다. 구슬이 서 말이라도 꿰어야 보배라는 옛말이 있다. 아직 꿰어 쓸 때가 안 됐을 뿐, 소중한 구슬들이 하나둘 주머니에 담긴 것이다. 정치적 경험도 빼놓을 수 없는 구슬이지만 제일은 역시 인연이다.

반기문 총장의 대선 캠프 대변인은 다름 아닌 이도운 홍보수석이었다. 서울신문을 그만두고 반기문 캠프에 합류했던 이도운 홍보수석은 대선이 끝나고 문화일보 논설위원으로 자리를 옮겼다. 그리고는 종편 시사프로그램에 패널로 출연하기 시작했다. 그때는 내가 먼저 젊은 시사평론가로 종편의 여러 방송에 밥 먹듯 출연하고 있던 시기였다. 마포 캠프에서는 대변인과 막내여서 서로 대화할 기회가 많지 않았지만, 그 인연 덕분에 방송국에서 급속도로 가까워질 수 있었다.

시사평론가로 정치에 대한 고민이 깊어질 때, 윤석열 대통령 캠프에 참여하며 털어놓기 힘든 어려움이 있을 때, 내가 가장 힘들 때마다 이도운 홍보수석은 차분하고 애정 어린 조언으로 든든한 버팀목이 되어줬다.

정치권에서 살아가는 것은 아슬아슬한 외줄타기와 비슷하다. 잘하면 본전이고, 실패하면 나락으로 떨어진다. 열심히 해도 당장 원하는 결과를 얻지 못할 때가 많다. 나도 연달아 3번의 선거 실패를 경험하며 정치를 다시 쳐다보지 않겠다는 결심도 했었다. 하지만 과정에서 어떤 모습을 보이냐에 따라 특별한 경험을 공유한 인연들이 구슬처럼 만들어진다. 언젠가 그 구슬을 꿰어 쓸 때는 혼자서 못 해낼 일들을 감당하게 된다.

정두언 의원, 김용태 의원, 그리고 반기문 총장의 캠프를 거치면서 빈손으로 돌아간 적은 한 번도 없었다. 그때의 경험과 사람들 덕분에 지금의 내가 있다. 윤석열 대통령 1호 참모, 집권 여당 최고위원이라는 과분한 수식어도 내게 주어지지 않았을 것이다. 사람 사는 세상이 다 그렇지만, 정치권에서는 더더욱 한 번 맺은 인연이 오래 간다. 몇 년이 지나 새로운 선거 캠프가 들어서도 그때 그 사람들을 다시 만나는 경우가 허다하다. 진입장벽이 낮은 것 같아도 오래 버티기 힘든 곳이 여의도 정치권이기 때문이다. 그렇기에 당장 열매를 따는 것에만 집착하기보다 꾸준히 버티면서 씨를 많이 뿌리는 게 중요하다. 오늘 만난 이 사람이 대단해 보이지 않아도 내일 나를 이끌어줄 수 있다는 생각을 늘 해야 한다.

만약 3번의 선거 실패를 거치지 않고 바로 성과를 냈다면 오히려 나는 금방 무너졌을 것이다. 내 인생을 위해서는 반기문 총장의 대선 캠프에서 쓰라린 아픔을 겪은 게 훨씬 큰 도움이 됐다. 정치가 쉽지 않다는 것을 배웠고, 인연이 소중하다는 것을 알게 됐기 때문이다. 특히 반기문이라는 거목의 곁에서 나라의 미래를 위한 고민을 엿본 시간은 무엇과도 바꿀 수 없다. 오늘도 여전히 대한민국의 외교와 앞길을 고민할 때 가장 먼저 달려가 지혜를 빌려야 할 사람은 단연 반기문 UN 사무총장이다.

4

최연소 시사평론가

문재인 정부 비판에 앞장서다

–

4. 최연소 시사평론가

1.

3번의 정치적 실패를 경험하고, 다른 일에 집중하고 싶었다. 대선 캠프에 참여하며 미뤄둔 웹소설 원고도 써야 했지만, 그것만으로는 부족했다. 모니터를 보고 있으면 자꾸 정치 기사를 검색하게 됐다. 나도 모르는 사이 정치가 일이 아닌 삶의 깊숙한 영역으로 훅 들어온 것이다. 하지만 당장 정치권에서 할 일도, 하고 싶은 일도 없었다. 반기문 총장을 돕다가 갑자기 다른 후보 캠프에 뛰어드는 것은 마음이 용납하지 않았다. 그만큼 자질을 갖춘 훌륭한 후보가 또 있다면 모를 일이다. 그러나 당시에는 마음도 많이 지쳤고, 반기문 총장을 대체할 인물이 보이지 않았다.

무엇을 해야 허전한 마음을 채울 수 있을까. 고민을 머리에 이고 그동안 대선 캠프 때문에 만나지 못했던 다양한 사람들을 만났다. 평소 알고 지내던 기자 출신의 홍보대행사 대표님과도 티타임을 나눴다. 그런데 조만간 재규어&랜드로버 코리아의 홍보대행사 경쟁 PT에 들어간다며 주위에 적임자가 있으면 추천해 달라는 이야기를 듣게 됐다. 조건은 두 가지였다. 자동차를 좋아할 것, 그리고 미디어 친화적일 것. 말이 끝나기 무섭게 본능적으로 대답이 튀어나왔다. “그거 제 이야기 아니에요?”

아주 어릴 때부터 자동차를 좋아했다. 스포츠카를 동경했고, 르망24 같은 모터스포츠에도 관심이 많았다. 자동차 잡지를 탐독하며 관련 행사에도 자주 참여하곤 했었다. 비슷한 관심사를 가진 친구들과 동호회를 만들어 운영할 정도였다. 물론 나중에 불법 레이싱이니 뭐니 하는 가짜뉴스로 공격을 받게 됐지만 사실이 아니기에 전혀 개의치 않았다. 특히 웹소설 작가로 소소한 성공을 거두며 ‘내 돈 내 산’으로 다양한 취미를 즐긴다는 자부심이 있었다. 엄마 카드 찬스를 쓰는 금수저들과는 다르게 스스로 책임을 지는 인생이기 때문에 누가 뭐라건 상관없었다.

정치를 떠나고 싶었는데 취미였던 자동차 관련 일이 눈앞에 나타난 것이다. 당장 의기투합해 PT를 준비하게 됐다. 보통 외국계 회사들은 자체 홍보 인력을 소수로 고용하고, 중요한 업무는 대행사에게 맡긴다. 그렇기에 유명 브랜드의 홍보대행사가 되기 위한 경쟁 PT는 피 튀기는 전쟁터나 다름없다. 직전까지 반기문 총장의 대선 캠프에서 일하다가 곧바로 재규어&랜드로버 코리아의 PT를 준비할 수 있을까. 그러나 why not? 안 될 게 뭐냐는 평소 입버릇대로 도전을 결심했다.

연 매출 1조 원 이상을 기록한 수입차 브랜드의 홍보 전체를 대행하는 일이다. 업계에서 잔뼈가 굵은 4개의 대행사가 경쟁 PT에 참여했다. PT를 담당하는 사람들은 홍보 분야에서 10년 이상 경력을 쌓은 베테랑들이었다. 반면 나는 방송과 정치 관련 경력이 전부였고, 팀장급에 비해 나이도 한참 어렸다. 대신 자동차에 대해서는 누구보다 잘 안다는 강점이 있었다.

2주 정도 집중적으로 준비한 PT를 발표하는 날, 대표이사를 비롯한 주요 임원들이 빠짐없이 자리했다. 객관적인 경력만 보면 홍보대행 경험이 없는 내가 경쟁 PT에서 승리하긴 힘든 상황이었다. 그러나 무서울 게 없었다. 대선이라는 큰 판에서 놀다 왔는데 자동차든 뭐든 홍보를 못 하겠냐는 마음가짐이었다. 어디서 왔는지 모를 자신감 덕분일까, 아니면 자동차에 대한 진지한 애정과 이해도 때문일까. 어쨌든 경쟁 PT에서 승리해 재규어&랜드로버 코리아의 홍보대행을 책임지는 팀장이 됐다. 정치를 잊고 싶어서 충동적으로 도전해본 일을 덜컥 맞게 된 것이다.

일을 벌였으면 책임을 질 수밖에 없다. 결자해지(結者解之)라는 사자성어를 좌우명처럼 여기는데 어쩌겠는가. 실무에서 낯선 부분은 회사의 다른 사람들에게 물어가며 홍보팀장으로 업무를 시작했다. 하필이면 적응할 틈도 없이 자동차 업계에서 가장 큰 행사인 서울 모터쇼를 담당하게 됐다. 일산 킨텍스에서 열리는 서울 모터쇼는 대한민국에서 유일하게 세계자동차산업연합회(OICA) 공인을 받은 국제 행사다. 수많은 관람객이 들어서지만, 프레스 데이(press day)에는 자동차를 다루는 주요 언론과 전문 기자들이 브랜드를 냉철하게 평가한다. 자동차 브랜드의 1년 치 홍보 역량을 하루에 쏟아붓는 날이다. 그만큼 중요한 행사를 홍보팀장이 되자마자 책임지게 된 것이다.

한 달 내내 팀원들과 함께 밤을 새우며 서울 모터쇼를 준비했다. 새벽 5시까지 메일을 주고받았고, 주말에도 예외가 없었다. 일단 일을 시작하면 무조건 잘 해내고 봐야 한다. 대충이나 적당히는 없다. 피곤한 성격이지만, 그렇게 살아야만 새로운 분야에 마음껏 도전할 자격이 생긴다. 한편으로는 대선 캠프의 후유증을 털어내며 어려운 미션에 집중할 수 있어 더 몰입하게 됐다.

결과는 대성공이었다. 언론의 반응도 좋았고, 대표이사와 홍보 임원도 만족스러워했다. 그 과정에서 얼마나 스트레스를 받았는지 자세히 적자면 끝도 없을 것이다. 하지만 직장인으로 월급을 받으며 일을 해본 것, 상급자에게 구박을 받아가며 커다란 프로젝트를 공동으로 진행한 것은 곱씹을수록 약이 되는 경험이다. 많은 청년 정치인들의 약점은 남들 다 하는 사회생활을 경험하지 못했다는 것이다. 그러니 보통 사람들의 인정을 받기 어렵다. '직장 생활에 대해 뭘 안다고?'라는 비판에 대답하기 힘든 게 현실이다. 게다가 정치나 방송만 해서 사회성이 떨어지는 경우도 자주 보인다. 그들과 달리 홍보팀장 경험은 나를 붕 뜨게 만들지 않고, 현실이라는 땅을 딛게 했다.

특히 여러 기자들에게 철저히 을의 입장이 될 수밖에 없었다. 주요 일간지부터 경제지, 온라인 매체, 그리고 자동차 전문지까지. 뿐만 아니라 자동차 유튜버와 블로거도 홍보팀에서 관리하는 세상이다. 때로는 말도 안 되는 억지와 비아냥을 받으면서도 자존심을 버려야 했고, 악의적인 기사의 단어 몇 개를 수정하기 위해 수십 통의 전화를 할 때도 있었다.

기자들과 관계를 맺는 법, 보도자료를 작성하는 법 등 홍보 실무도 이때 처음부터 배웠다. 보도자료를 아무리 길게 써도 눈길을 끌지 못하면 무의미하다. 독자의 이목을 집중시키는 헤드라인을 만들어서 밥상을 차리는 것도 홍보팀장의 역할이었다. 기사가 되게 하는 법, 헤드라인 만드는 법, 소위 야마 뽑는 법은 시사평론가와 정치인에게 꼭 필요한 능력이다.

과거를 돌아볼수록 정치인이 되기 위한 훈련을 받은 기분이다. 정치권으로 돌아와서는 기자들과 친해지는 게 어렵지 않았다. 산업부, 경제부 기자와 홍보팀장의 관계는 완벽한 갑을관계에 가깝다. 그러나 정치부 기자와 정치인의 관계는 일종의 파트너십이다. 무슨 일이든 처음부터 극악한 난이도를 겪고 나면 뒤가 수월해진다. 이래서 어른들이 어릴 때 고생은 사서도 하는 거라고 말씀하시는 게 아닐까.

2.

홍보팀장으로 일하며 서울 모터쇼 준비 외에도 2대의 신차 출시 홍보를 담당했다. 지금도 거리를 돌아다니는 랜드로버 디스커버리와 레인지로버 벨라를 보면 내가 낳은 자식 같다는 생각이

든다. 보도자료, 사진 촬영, 잡지 표지 광고 등 거의 모든 홍보 과정에서 내 손을 거치지 않은 게 없기 때문이다. 그렇게 홍보쟁이로서 뿌듯함을 느끼며 6개월이 지난 시점, 모르는 번호로 전화가 왔다.

새로 출입하게 된 기자일까, 혹시 귀찮은 광고는 아닐까. 별다른 기대 없이 전화를 받았는데 OBS 경인방송의 작가님이었다. 사연은 이러했다. CBS 라디오에 출연할 때 나를 좋게 본 이호선 교수님이 여기저기 추천을 해준 것이다. 그렇기에 아직도 이호선 교수님을 평생의 은인 중 한 사람으로 생각하고 있다.

막상 TV 출연 섭외 전화를 받고 보니 현실적으로 느껴지지 않았다. 라디오를 할 때는 오매불망 TV 출연을 바라고 또 바랐었다. 하지만 제작진에게 연락이 와도 나이가 너무 어려서 곤란하다며 매번 벽에 가로막혔다. 그런데 대선 캠프를 지나 홍보팀장으로 살고 있는데 갑자기 꿈 같은 기회가 찾아온 것이다.

정작 연락을 한 작가님도 내가 TV 출연 경험이 없다는 사실에 놀랐다. 약간 망설이는 기색이 전화기 너머로 느껴졌다. 하지만 1회성 게스트라는 것을 전제로 출연이 확정됐다. 우선 방송이 있는 날 회사에 연차를 냈다. 1번의 이벤트로 끝날지 모르는 일이기 때문이다. 라디오 데뷔도 게스트로 시작해 고정이 됐지만, TV에서 똑같은 기적이 일어난다는 법은 없다. 너무 크게 들뜨지 말자고 자신을 타이르며 방송을 준비했다.

2017년 여름, 30살 선물처럼 TV 시사 프로그램에 데뷔하는 날이 찾아왔다. 라디오와 TV는 완전히 다른 매체다. TV에 대해서는 정말 아무것도 몰랐다. 오죽하면 아침 일찍 미용실을 예약해 내 돈으로 머리를 했다. 어린 나이가 핸디캡이 될 것 같아 일부러 2:8 가르마를 타달라고 부탁했다. 화장은 한 번도 해본 적이 없어 비비크림을 메이크업 대신이라 생각하고 얼굴에 발랐다. 하지만 아무 쓸모 없는 일이었다. 방송국에 도착하니 출연자를 위한 분장실이 떡 하니 기다리고 있었다. 머리부터 메이크업까지 분장실에서 해준다는 당연한 사실을 그때 처음 알았다. 방송 초보 정도가 아니라 어디 말하기도 부끄러운 생초짜였던 것이다.

우여곡절 끝에 생방송이 시작됐다. 아직도 기억하는 첫 번째 방송 주제는 프랑스의 마크롱 대통령이었다. 좌우를 가리지 않는 마크롱 대통령의 거침없는 행보, 이념을 떠나 실용을 최우선 가치로 두는 새로운 정치에 열변을 토했다. TV 스튜디오도, 여러 대의 카메라와 조명도 어색했지만 말을 하다 보니 긴장이 풀리며 신이 났다. 라디오를 그만두고 얼마 만에 방송을 하는 것일까. 남들 앞에서 이야기하는 것, 방송이 내 적성에 가장 잘 맞는 천직이라는 확신이 들었다.

후회 없이 머릿속에 든 내용을 다 쏟아냈다. 10을 알아도 1밖에 말하지 못하는 사람이 있는데 나는 1을 알아도 10처럼 보이게 하는 재주가 있다. 깊이 있는 전문가가 되기는 어려워도 전문적인 지식을 대중들에게 쉽고 단순하게 전해주는 것 또한 꼭 필요한 일이라고 생각한다. 지금도 데뷔 때와 같은 방송 철학을 지키고 있다. 잘난 척, 똑똑한 척하려는 욕심을 버리고 최대한 쉽게 설명하는 것이다. 다행히 OBS에서 다시 출연해달라는 제안이 왔고, 2번의 게스트 방송 후 고정 출연이 결정됐다. 짧지만 치열하게 달린 홍보팀장 생활이 끝났다. 이제 TV에 출연하는 시사평론가로 다른 출발선에서 변화를 맞이하고 있었다.

3.

OBS에서 매주 시사평론을 하며 몸을 풀고 있었다. TV 생방송에 익숙해지며 차츰 시사평론가라는 타이틀에 걸맞게 성장하는 시기였다. 또 어떤 기회가 언제 찾아올지 모른다고 생각했다. 사실 시사 프로그램을 많이 만드는 종편이나 보도 채널에서 연락이 올 줄 알았다. 그런데 다시 CBS 라디오에서 나를 찾았다. 시사 라디오의 전설, '시사자키 정관용입니다'에서 토론 코너를 맡아 달라는 연락이었다.

우선 제작진이 생각하는 토론 컨셉이 독특했다. 젊은 보수와 경륜 있는 진보의 대결로 토론 코너를 설정한 것이다. 그동안 보수는 관록을, 진보는 패기를 내세웠는데 정반대의 컨셉이었다. 젊은 보수가 등장하던 시기에 맞게 제작진이 트렌드를 잘 파악한 것 같았다. 나로서는 마다할 이유가 하나도 없는 제안이었다. 다른 프로그램도 아니고 시사자키에 매주 출연을 한다는 것 자체가 평론가 세계의 보증수표다. 그러나 한 가지 문제가 있었다. 토론 상대가 강해도 너무 강한 사람이었다.

시사자키 제작진은 젊은 보수의 자리에 나를 세우고, 경륜 있는 진보로 최민희 의원을 선택했다. 최민희 의원은 이제 막 TV에 데뷔한 30살의 내가 상대하기에는 너무 화려한 경력을 지닌 정치인이었다. 국회의원 경험이 있을 뿐 아니라 민주당 내에서 강성을 꼽을 때 첫손에 드는 전투력을 지녔다. 그때나 지금이나 진보 진영에서는 최민희 의원을 응원하는 팬들이 적지 않다. 오랜 기자

경력과 민언련 활동으로 방송 경험도 나와 비교할 수 없는 수준이었다.

그래도 죽기 아니면 까무러치기다. 어떻게 찾아온 기회인데 상대가 어렵다고 피할 수 없었다. 오히려 무식이 약이 됐다. 당시만 해도 민주당 정치인들에 대해서는 그리 잘 알지 못했었다. '최민희 의원? 강성이라고? 나도 세게 붙으면 되지!'라고 생각했다. 누구든 내가 토론으로 이길 수 있다는 마음으로 전의를 불태웠다.

방송국 대기실에서 최민희 의원을 처음 만난 날, "그런데 뭐 하는 사람이에요?"라는 질문을 받았다. 악의 없는 순수한 궁금증이었다. 그만큼 최민희 의원 입장에서 바라본 나는 무명의 청년이었다. 내가 참여한 선거나 TV 출연을 경력이라고 이야기하기엔 레벨이 달라도 너무 달랐다. 그래서 180도 다른 정치적 소신과 무관하게 최민희 의원에게는 고마운 마음이 있다. 누구인지도 모를 청년이 상대로 나오는데 토론을 받아줬기 때문이다. 체급이나 인지도를 따졌다면 결코 성사될 수 없는 토론 코너였다.

하지만 방송이 시작되면 체급이나 인지도는 방패가 될 수 없다. 나도 이름 석 자를 걸고 나왔는데 밀리지 않기 위해 최선을 다했다. 젊은 보수라는 타이틀에 먹칠을 할 수는 없었다. 매주 자료 조사부터 말하는 속도 조절 연습까지 신경을 많이 썼다. 내가 출연한 방송을 다시 들으며 복기하는 것도 놓치지 않았다. 뭘 잘 했고 못했는지 스스로 분석하며 조금씩 발전하기 위해 무던히도 애를 썼다.

1:1 실전 토론은 예사롭게 넘길 순간이 하나도 없었다. 더욱이 상대인 최민희 의원은 빈틈을 파고드는데 선수였다. 매주 강도 높은 훈련을 받는 기분이었다. 토론의 열기가 지나치게 뜨거워지는 순간도 더러 있었다. 그럴 때면 진행자인 정관용 교수가 개입해 상황을 정리했다. 최민희 의원이라는 강적이 버겁기도 했지만, 강한 상대를 일찍 만나 남들보다 빨리 방송 내공을 쌓을 수 있었다. 동시에 정관용 교수의 탁월한 진행 능력을 보며 쟁점을 정리하는 법을 어깨너머로 배웠다.

4.

2017년 겨울에는 채널A에서 전화가 왔다. 몹시 추운 날 저녁, 차 안에서 섭외를 수락하고 환호성을 질렀다. 마침내 종편이라는 시사평론의 메이저리그에 진출하게 된 것이다. 28살에 라디오로 데뷔하고, 30살에 TV 데뷔, 그리고 같은 해 종편에도 출연하며 최연소 시사평론가로 불리게 됐다. 2017년만 해도 고작 30살이 TV

박용진과 100분 토론

유시민과 100분 토론

에서 정치 이야기를 한다는 게 잘 받아들여지지 않는 분위기였다. 이후로도 몇 년이 넘도록 나보다 어린 사람을 시사 프로그램에서 만날 수 없었다.

종편에 나가게 되면서 방송 출연은 급물살을 탔다. 방송은 진입장벽이 높은 대신 한 번 섭외 대상으로 떠오르면 계속 연락이 온다. 시사 프로그램의 특성상 대부분 생방송으로 진행되고, 절대 실수하지 않는다는 믿음을 제작진에게 줘야 하기 때문이다.

2018년에는 고정 출연하는 프로그램이 매주 4개 이상으로 늘어났다. 채널A를 포함해 TV조선, MBN에서도 얼굴을 알렸다. 그러다 2019년이 되면서 일이 미친 듯이 밀려오기 시작했다. 물 들어올 때 노 저으라는 말대로 들어오는 섭외를 거절하지 않고 다 받았다. 매주 고정으로 15개, 많을 때는 20개 이상의 프로그램에 출연했다. TV만 틀면 내 얼굴이 나온다는 소리를 들어도 이상하지 않았다. 매일 밤 10시 KBS 1라디오에서 30분 정도 뉴스 브리핑까지 하게 되면서 아침부터 밤까지 쉴 틈이 없었다. 그야말로 대한민국에서 제일 바쁜 시사평론가라고 해도 과언이 아니었다.

방송은 나의 세상을 무한히 확장시켰다. TV나 라디오에서 한 마디를 하면 여론에 영향을 끼친다. 그렇기에 자연스레 정치인들과도 만날 일이 많아졌다. 그러나 선불리 현실 정치에 뛰어들지 않았다. 정치인을 도와주더라도 뒤에서 조언하는 역할에 머물렀다. 이것저것 눈치 보지 않고 하고 싶은 말을 다 하는 자유가 소중했기 때문이다. 정치권에서 러브콜이 와도 방송에 집중한다는 이유로 거절했다.

물론 방송을 하면서 뒤따르는 부담도 가볍지 않다. 말을 많이 할수록 영혼의 체력이 줄어든다는 게 괜한 이야기가 아니다. 하면 할수록 한마디 한마디에 무거운 책임감을 느끼게 된다. 더구나 정치적 비판으로 남을 평가하는 게 직업이기 때문에 매번 업보를 쌓는 기분이 들 수밖에 없다. 자칫 실수라도 하면 방송을 망치는 것을 넘어 방심위의 징계나 법적 대응까지 일이 번질 위험도 있다.

그럼에도 내가 가장 좋아하는 일, 내가 가장 잘할 수 있는 일은 역시 방송이다. 방송에서 누구와도 토론을 할 수 있다는 게 나의 가장 큰 정치적 자산이기도 하다. 결국에는 방송 활동이 나를 다시 정치의 영역으로 이끌었다.

반면 국회의원 중에는 방송 인터뷰 하나 제대로 소화하지 못하는 사람도 있다. 국민들이 얼굴도 이름도 모르는데 권력만 누리는 국회의원이 적지 않다. 이런 정치인들은 정부와 당이 어려울 때 앞장서 싸우는 법도 없다. 나는 이렇다 할 재산도 연줄도 없지만, 지역 토호 정치를 하는 기득권과 맞서 싸울 무기가 바로 방송이다. 시사평론가 출신이라는 정체성은 내가 어떤 정치인이 되든 포기할 수 없는 탄탄한 기반이다.

5

2020년 10월 3일

방송의 힘으로 조국 사태와 맞서 싸우다

–

5. 2020년 10월 3일

1.

한때 방송가에서 월천거사라는 말이 유행했다. 광화문 근처의 종편에 집중적으로 출연하며 한 달에 천만 원 이상의 수입을 올리는 시사평론가들을 뜻하는 말이다. 예전에는 센추리 클럽(Century Club)이라는 말도 있었다고 한다. 월 100회 이상의 방송 출연을 하는 사람들, 하루 종일 TV에 나오는 사람들을 그렇게 부르는 것이다.

나 역시 월천거사니, 센추리 클럽이니 하는 시사평론가 그룹에 포함되는 사람으로 살아가고 있었다. 방송국에서는 몇 안 되는 젊은 보수 평론가의 존재가 늘 필요했다. 나는 언제 어떤 연락이 와도 거절하는 법 없이 생방송을 소화하는 준비된 평론가였다. 어느새 방송은 나의 첫 번째 직업이 되어 있었다. 매일 스케줄에 맞게 광화문과 충무로, 상암과 여의도를 오가며 방송에 출연하는 게 일상이 된 지 오래였다.

그러나 그토록 간절히 바라고 원했던 방송 출연을 거의 3년 넘게 해오면서 조금씩 무덤덤해진 것도 사실이다. 정치적 상황 역시 내가 바라는 대로 흘러가지 않았다. 약간의 매너리즘, 성실함과 익숙함 사이에서 언뜻 엿보이는 나태함, 현재와 미래에 대한 고민, 그런 복잡한 감정이 뒤섞여 나를 아슬아슬하게 지탱하는 중이었다. 가끔은 진심을 담기보다 기능적으로 방송을 소화하고 '이러면 안 되는데' 남몰래 혼잣말을 삼킨 적도 있었다.

남들은 칭찬의 의미로 방송 천재, 방송 기계라는 별명을 붙여줬지만 정작 나는 경력이 쌓일수록 순수함을 잃어갔다. 사회자가 무슨 질문이든 툭 던지면 그에 대한 답이 기계적으로 흘러나왔다. 물론 방송적으로는 흠잡을 구석이 없었다. 매일 여러 신문의 기사와 사설을 빠짐없이 읽고, 아침부터 밤까지 비슷한 주제로 이야기를 나누다 보면 점점 완성도가 높아진다.

원하는 정답이 무엇인지, 이럴 때 무슨 말을 해야 하는지 일종의 공식이 몸에 배 있었다. 상대 패널과 토론을 할 때도 색다른 자극을 받는 경우는 거의 없고, 어떻게 해야 내가 이긴 것처럼 보이는지 기술적인 완성도에 집착했다. 그리고 억지로 문재인 정부를 옹호하는 진보 패널들과의 말싸움이 점점 하찮고 가소롭게 여겨지기도 했다. 두근두근 떨리는 마음을 숨기며 한 글자씩 또박또박 말했던 방송 초보 시절의 진정성은 사라지고 없었다. 적당한 긴장과 기대감으로 온에어를 기다리던 푸릇한 시간이 먼 과거처럼 느껴졌다.

그런 내 모습을 직시하면 인상이 찌푸려졌다. 겉보기에는 부족할 것 없이 잘나가는 시사평론가였지만, 점점 자신이 싫어지고 있었다. 사람은 자기 자신이 초심을 잃고 변하는 중이라는 사실을 모를 수가 없다. 알면서도 외면하고, 그러다 보면 돌이킬 수 없는 지경에 이르는 것이다. 고인 물이 되고 정체된 자기 모습을 확인하는 것은 잔혹한 일이었다. 그러나 현실은 바뀔 기미가 없고, 꿈꾸는 세상은 점점 멀어지고 있었다. 이럴 때면 마치 세상의 고민은 모두 다 내가 짊어지고 있는 느낌이었다. 어쩌면 남들이 보기에는 배부른 소리일지 모른다. 하지만 이대로 하루하루 직업으로의 평론만 하는 것에 만족할 수 없었다. 뭔지는 몰라도 뭔가 바뀌어야 한다. 변화를 향한 갈증과 외로움이 바쁜 일상을 파고들고 있었다.

2.

내적인 고민이 이어지는 와중에도 어김없이 총선은 다가왔다. 결과는 보수정당 역사상 기록적인 대패였다. 그날 느낀 비참함과 패배감은 잊기 어렵다. 무너진 하늘 끝에 혼자 남겨진 기분이었다. 특히 조국 전 장관의 부도덕하고 불공정한 면모가 언론을 통해 낱낱이 밝혀졌음에도 맞이한 대패라서 충격이 더 컸다. 코로나19라는 비상사태와 국민들 통장에 팍팍 꽂힌 각종 현금성 지원금, 허울뿐인 통합으로 사공이 너무 많았던 부실한 미래통합당 등 패배의 이유를 분석하는 일은 어렵지 않았다. 그러나 시사평론가로서가 아닌 한 사람의 국민으로서 받은 충격은 쉽게 가시지 않았다. 민심은 천심이라지만, 2020년 총선 결과를 받아 들고는 이해할 수 없는 민심이 원망스러울 정도였다.

'조국 사태'는 청와대 민정수석에서 사퇴한 조국이 법무부 장관 후보로 지명된 이후 벌어진 사건을 총칭하는 말이다. 조국과 그 주변에 대한 무수한 부정부패 의혹들이 언론을 통해 제기됐고, 특히 입시 비리와 사모펀드 의혹은 국민 정서에 불을 질렀다. 서울대를 비롯한 주요 대학교를 중심으로 조국 임명 철회를 요구하는 시위가 시작됐고, 국민 여론이 반으로 쪼개졌다. 그럼에도 불구하고 문재인 전 대통령은 직접적으로 책임질 불법행위가 드러난 것은 없다는 궤변을 내뱉으며 기어이 조국을 법무부 장관으로 임명했다. 결국 그 끝은 35일만의 초단기 법무부 장관 사퇴로 귀결됐다. 처음부터 명분 없는 무리한 임명이었음을 자인하는 꼴이 된 것이다.

물론 장관직 사퇴가 끝이 아니었다. 버닝썬 게이트에 연루된 윤규근 총경, 조국의 배우자 정경심 교수와 동생 조권, 감찰 무마 의혹의 중심인물 유재수 등 주변 인물들이 줄줄이 구속됐다. 조국 사태는 문재인 정부의 집권 기간 중 가장 큰 인사 스캔들로 남았다. 나아가 도덕적 우위를 자랑하던 민주당의 내로남불과 위선을 만천하에 드러낸 사건이었고, 뉴욕 타임스에서 내로남불이라는 말을 소개하게 할 만큼 파장이 컸다.

수능과 입시를 목숨처럼 중요하게 여기는 한국 사회에서 허위 스펙으로 의사가 된다는 것은 결코 용납할 수 없는 일이다. 조국의 딸 조민의 7대 스펙은 모두 허위로 판명이 났다. 단순히 표창장 하나로 엄벌을 받은 게 아니었다. 결국 정경심 교수는 입시 비리 및 사모펀드 관련 범죄, 증거인멸 및 은닉 관련 범죄를 저질러 유죄가 확정됐다. 조국의 딸 조민도 고려대와 부산대 의학전문대학원 입학 취소 처분을 받고 기소 됐다. 조국 전 장관도 1심에서 징역 2년이 선고됐고, 2심 판결을 기다리고 있는 처지다. 결과적으로 조국 사태에서 불거진 의혹은 시간이 지날수록 가짜뉴스가 아닌 팩트였다는 게 드러나고 있다.

그런데 미래통합당은 조국 사태의 파도가 정국을 덮친 뒤에도 무기력하게 패배하고 말았다. 대체 왜? 라는 질문이 머리를 떠나지 않았다. 탄핵의 폭풍 속에서 느꼈던 무력감이 재발하는 기분마저 들었다. 상대가 아무리 잘못해도 우리 내부에서 대안을 만들지 못하면 더는 반사이익에 기대어 승리할 수 없음을 지적하는 준엄한 심판이었을까. 기존의 보수 세력으로는 희망이 없다는 사실을 알려준 것은 아닐까.

어떻게든 해답을 찾아야만 했다. 왜냐하면 내가 총선 결과의 최전선에 서 있었기 때문이다. 소위 잘나가는 시사평론가로서 21대 총선 당일에도 수많은 프로그램에 출연했다. 그날 하루에만 10개가 넘는 방송을 소화했던 기억이 난다. 온종일 정치 뉴스와 선거 전망, 개표 결과를 다루는 날이니 시사평론가에게는 최고의 대목이었다.

아침부터 오후까지는 괜찮았다. 서로 엇갈리는 전망에 대해 토론하며 차분하게 분석을 마쳤다. 그런데 6시에 출구조사 결과가 나온 것을 보고 아연실색할 수밖에 없었다. 미래통합당 100석 예상. 방송국 화면에 떠오른 숫자를 보고 머리가 텅 비고 눈앞이 하얗게 질리는 것 같았다. 하필이면 MBC 온라인 생방송에서 출구조사 결과를 보게 됐다. 그때나 지금이나 왼쪽으로 편향적인 곳에서, 농담 삼아 적진이라 표현하는 방송국에서 그런 결과를 맞이하니 멘탈을 잡기 더 힘들었다. 방송이고 뭐고 당장 다 때려치우고 집에 가고 싶었다.

황망한 마음을 숨기려고 일부러 더 오버하면서 남은 방송 시간을 보낼 수밖에 없었다. 진보 패널과 MBC 제작진은 축제 분위기를 즐겼다. 거기서 열을 내고 심통을 부려봐야 나만 바보가 되는 것이다. 그렇게 새벽 1시까지 방송을 마치고 나오는 길, 자동차 운전석에 앉는데 참았던 긴 한숨이 새어 나왔다. 그동안 방송에 출연해 목이 마르도록 문재인 정부의 실정을 비판하고 민주당의 내로남불을 알린 게 무슨 의미가 있나 하는 생각이 들었다. 힘이 쭉 빠지는 게 당연한 일이었다. 국민의 선택을 겸허히 받아들이는 것과는 별개로 열심히 방송 활동을 하는 게 무의미하게 느껴졌다. 가뜩이나 기승을 부리던 매너리즘의 늪에 더 깊이 빠져들게 됐다.

3.

2020년 10월 3일, 개천절,

충격적인 총선 결과에도 시간은 흐르고 조국 사태는 점입가경으로 치닫고 있었다. 총선에서 민주당 180석이라는 결과를 안겨준 국민들은 조국을 용서한 것이 아니었다. 코로나19라는 사상 초유의 위기 때문에 정부에 힘을 몰아준 것이고, 민주당이 위선의 배를 타고 침몰하는 것을 조용히 지켜보며 경고를 날리고 있었다.

그 중심에는 우직하게 조국 수사를 밀어붙인 윤석열 검찰총장이 있었다. 좌우를 가리지 않고 잘못이 있으면 수사를 하는 검사, 국민들은 이제껏 보지 못한 윤석열이라는 인물에 열광했다. 말로만 소신 소신 하는 사람들 틈에서 진짜 소신을 위해 목숨을 거는 윤석열 검찰총장은 더 빛이 날 수밖에 없었다. 문재인 전 대통령은 추미애라는 독한 인물을 법무부 장관에 기용하며 대응했지만,

그게 역사를 바꾼 실수가 되고 말았다. 총선 이후로도 추윤갈등이 이어지며 추미애의 집요한 수사 방해에 국민들이 넌더리를 냈기 때문이다.

개천절은 화룡점정의 날이었다. 조국 사태에 분노한 국민들, 추미애의 윤석열 검찰총장 찍어내기에 화가 난 국민들이 광화문 광장에 모인다는 것이다. 그러나 회의적인 시각도 만만치 않았다. 이제껏 광장은 진보의 전유물이었다. 보수가 광장을 점령한 적은 단 한 번도 없었다. 그렇기에 설마 광화문 광장을 채울 수 있겠냐는 미심쩍은 시선이 보수 진영 내부에서도 공유되고 있었다.

나도 광화문 광장으로 나갔다. 개천절이지만 채널A와 TV조선 생방송이 있었기 때문이다. 그런데 광화문에 도착하고 눈을 의심할 수밖에 없는 광경이 펼쳐졌다. 사람이 바글바글한 정도가 아니라 광화문 광장 끝에서 끝까지 빈틈 없이 인산인해를 이루고 있었다. 양쪽 8차선 도로가 시위에 나온 사람들도 빽빽하게 다 차버린 상황이었다.

교통은 통제됐고, 지하철도 정차하지 않았다. 그러고도 사람들이 너무 많아 광화문 인근의 식당과 카페는 모두 만석이었다. 그토록 많은 사람들이 한 공간을 점유한 장면을 보게 될 줄은 몰랐다. 그 모든 사람들이 조국을 규탄하고, 윤석열 검찰총장을 응원하기 위해 나온 것이다. 총선 대패에도 불구하고 문재인 정부의 내로남불이 임계점을 돌파하자 국민들이 들고 일어났다. 진보가 아닌 보수도 광장을 점령할 수 있음을 최초로 보여준 역사적 날이었다.

광화문 광장에는 젊은 사람들도 눈에 띄게 많았다. 돌아보면 서울대와 부산대 등에서 조국 규탄 시위에 불을 붙인 것은 대학생들이었다. 남녀노소가 어울려 문재인 정부를 향해 회초리를, 아니 몽둥이를 때리고 있었다. 채널A 방송을 먼저 마치고 나와 도무지 믿을 수 없는 광경에 넋을 잃고 말았다. 다음 방송까지 시간이 조금 남아 잠시 카페로 들어가 커피를 마시기로 했다. 자리에 앉아 역사적인 장면을 천천히 눈에 담고 싶었다. 그런데 카페에서도 너무 따뜻한 환대를 받았다. 카페 안의 사람들 대부분도 개천절 시위에 참석하러 온 것이다. 그분들이 나를 알아보며 응원의 메시지를 보내줬다.

곧이어 TV조선으로 가야 할 시간이 됐다. 인파를 고려해 예정보다 일찍 자리에서 일어났다. 채널A와 TV조선은 광화문 광장을 마주 보고 상대편에 우뚝 서 있다. 원래는 지하차도로 길을 건너가면 금방 도착한다. 하지만 지하철역 출입구가 막혔고, 8차선 도로도 사람들 때문에 발 디딜 구석이 보이지 않았다. 어쩔 수 없이 인파를 비집고 8차선을 가로질러 가야만 했다. 그런데 10분이면 넘어갈 거리에 30분을 넘게 쓰고 말았다.

내가 속도를 낼 수 없었던 이유는 단순히 사람들이 많아서가 아니었다. 한 걸음씩 지나갈 때마다 광화문 광장에 앉아있던 사람들이 손을 잡고, 어깨를 두드리며 격려를 해줬기 때문이다.

"TV 나오는 친구 아니가?" "장예찬이 같은데, 장예찬이 맞제? 잘 보고 있다!" "말 참 시원하게 잘하더라!" "힘내세요, 파이팅!"

한 사람이 내 이름을 부르자 사방에서 손이 뻗어 나왔다. 어르신들이 악수를 청하는데 그냥 지나칠 수 없는 노릇이었다. 일일이 손을 잡으며 열심히 하겠다는 인사를 했다. 생방송 시간이 촉박해지고 있었지만, 이렇게 뜨거운 성원을 마다할 수 없었다. 반가운 마음에 무턱대고 가방을 붙잡는 분도 있었다. 온몸으로 전해지는 손길 하나하나가 마치 세례처럼 마음에 새로운 기운을 불어넣었다.

광장의 힘이 엄청난 에너지가 되어 내게 전해졌다. 이제 더 이상 광장은 진보의 전유물이라고 표현할 수 없다. 광장은 누구의 것도 아닌 대한민국 국민들의 것이다. 살아있는 민심은 언제든지 광장을 뒤덮어 썩은 권력을 때리는 회초리가 될 수 있다.

동시에 나를 감싸고 있던 매너리즘의 안개가 걷히는 기분이었다. 내가 방송에 나와서 조국을 비판하고 문재인 정부와 맞서 싸운 게 헛된 일이 아니라는 사실을 체감할 수 있었다. 광화문 광장의 사람들이 나를 알고 있구나, 내 목소리를 듣고 힘을 얻었구나, 뒤늦은 깨달음에 격한 감동이 차올랐다. 아침부터 밤까지 방송에서 시사평론을 하는 게 얼마나 소중하고 가치 있는 일인지 확신하게 됐다.

2020년 10월 3일은 보수 성향의 사람들이 광화문 광장을 가득 채운 최초의 날로 역사에 남았다. MBC의 박성제 전 사장은 서초동 조국 수호 집회를 딱 보니 100만이라고 말해 비웃음을 샀다. 하지만 그날 광화문 광장에는 정말 100만이라는 숫자를 언급해도 부끄럽지 않을 만큼의 인파가 자발적으로 모였다. 적어도 그 규모에 대해서는 진보 진영에서도 감히 시비를 걸지 못한다.

개천절 집회를 가능하게 만든 원동력은 무엇일까. 여러 원인이 있겠지만, 딱 하나만 먼저 꼽으라면 윤석열 검찰총장을 내세울 수밖에 없다. 윤석열 검찰총장이 권력과 타협해 조국 사태를 덮었다면 이런 집회가 애당초 가능하지 않았을 것이다. 누군가 용감하게 살아있는 권력과 맞서는 모습을 보여줬기 때문에 시민들도 광화문 광장에 나올 의지를 갖게 됐다.

개천절의 하늘을 보며 윤석열이란 사람을 마음에 담았다. 아무 개인적 인연도 없고, 얼굴 한 번 본 적도 없는 사이지만 윤석열 검찰총장의 존재가 너무 큰 의미로 다가왔다. 나뿐만 아니라 무력감과 패배감에 빠져 있던 보수 진영 전체에, 그리고 민주당의 위선에 질린 국민들에게 윤석열 검찰총장은 새로운 희망으로 떠올랐다.

2020년 10월 3일은 내게 방송의 의미를 다시 찾게 해준 뜻깊은 날이다. 시사평론을 통해 정치에 참여한다는 사실을 다시금 되새기게 만든 날이기도 하다. 어쩌면 그때부터 나는 방송인에서 정치인의 정체성을 갖게 됐는지도 모른다. 무엇보다 윤석열이라는 인물에 대해 깊은 애정과 존경심을 가지게 된 결정적 계기가 된 날이었다.

희망의 새싹은 그 어떤 암흑천지라 해도 때를 기다려 발화하고 개화하는 것이다. 사필귀정을 향해 나아가는 거대한 흐름은 누구도 막을 수 없다. 그러니 쉬이 절망하지 말고, 최악의 상황에서도 할 수 있는 일을 찾아 최선을 다해야 한다. 내게 찾아온 2020년 개천절처럼, 우리 모두에게 그런 날이 언제 들이닥칠지 모르기 때문이다.

6

윤석열 대통령 1호 참모

용산 대통령실에서

6. 윤석열 대통령 1호 참모

1.

개천절에 모인 국민들의 열망을 확인하고, 방송 활동을 더 활발하게 했다. 희망과 열정이 다시 생겼기 때문에 초심을 찾은 기분이었다. 그 사이 추윤갈등은 점점 더 심해졌고, 추미애가 윤석열 검찰총장을 괴롭히면 괴롭힐수록 반대로 윤석열 검찰총장의 인기는 올라갔다. 민심을 이기는 권력은 없다는 진리가 다시금 드러났다. 법무부 장관의 온갖 패악질이 오히려 윤석열 검찰총장을 유력 대권주자로 만든 것이다. 여전히 일면식도 없었지만 10월 3일 이후 나는 누구보다 열렬한 윤석열 검찰총장의 팬이 됐다.

나가는 방송마다 윤석열 검찰총장의 입장을 설명하며 추미애와 문재인 정부의 부당함을 알리기 위해 애썼다. 오죽하면 생전 알 필요가 없던 대검 간부들의 이름과 직급, 성향까지 일일이 분석해 공부할 정도였다. 예를 들면 '추미애 사단의 핵심인 이종근 형사부장이 다단계 사기 수사 전문가라는 점을 제외하면, 이성윤 중앙지검장을 포함한 친문 검사 중에서는 수사를 잘 해서 유명한 사람은 아무도 없다'라는 평론을 하기까지 공부해야 할 게 적지 않았다. 나중에 만난 검찰 출신 선배들은 그때 내 평론을 들으며 나이도 어린 친구가 검찰에 대해서 너무 자세히 아는 게 신기하더라는 후문을 들려줬다. 그만큼 열심이었고, 진심이었다. 부당한 외압으로부터 윤석열 검찰총장을 지키지 못하면 대한민국의 사법 정의가 와르르 무너질 것 같았다.

그렇게 진심을 쏟다 보니 방송가에서 만나는 선배들이 묘한 이야기를 전해줬다. '윤석열 총장이 예찬이 너를 좋게 보고 있다'라는 알 듯 모를 듯한 말이었다. 언론계와 정치권에서 오랜 경력을 쌓은 복수의 선배들이 들려준 말이기 때문에 근거가 있는 것 같았다. 당연히 너무 기분이 좋고 뿌듯했다. 그러나 사실을 확인할 길은 없었다. 그렇다고 마냥 들뜰 일도 아니었다. 그저 나의 진심과 노력을 알아준다면 고마운 일이라고 생각했을 뿐이다.

비슷한 시기에 문화일보의 이현종 논설위원과 신지호 의원에게서 연락이 왔다. 그때까지 방송에서 가끔 마주쳤을 뿐, 사적인 교류는 없는 사이였다. 그런데 대뜸 윤석열 검찰총장에 대해 어떻게 생각하냐고 묻는 게 아닌가. 나는 있는 그대로 솔직하게 대답했다. 현재의 정치 지형에서 정권교체를 할 수 있는 유일한 인물은 윤석열 검찰총장밖에 없다는 게 내 판단이었다. 두 분도 나와 같은 생각을 하고 있었다. 그렇게 만들어진 유튜브 채널이 바로 '어벤저스 전략회의'다.

어벤저스 전략회의

지금은 50만 구독자를 넘어 보수 유튜브의 한 축이 된 '어벤저스 전략회의'는 처음부터 윤석열 검찰총장 대선 프로젝트로 기획된 것이었다. '어벤저스'라는 이름은 이현종 위원의 아이디어였다. 보수 진영의 다양한 스피커들이 모여 함께 정권교체에 기여하자는 뜻이다. 거기에 더해 내가 '전략회의'라는 이름을 붙이자고 제시했다. 매번 '난리났다, 문재인 끝났다'며 호들갑을 떠는 보수 유튜브와 다르게 정권교체를 위한 전략을 제시하는 씽크탱크가 되자는 의미였다. 그리하여 이현종과 신지호라는 걸출한 선배님들과 함께 내가 젊은 진행자 역할을 맡으며 '어벤저스 전략회의'가 출범하게 된 것이다.

처음 환경은 열악했다. 고정 스튜디오가 없어 이 사무실, 저 사무실을 옮기며 촬영을 했다. 그러나 우리의 열정은 환경의 구애를 받지 않았다. 함께 유튜브를 찍으며 생각을 나눌수록 윤석열 검찰총장으로 정권교체를 할 수 있다는 확신이 강해졌기 때문이다. 아무리 생각해도 윤석열이라는 인물 말고는 대안이 없었다. 민주당의 정신적 지주 이해찬은 20년 장기집권을 공공연하게 떠들고 다녔다. 보수 진영 내부에서는 이낙연이나 이재명에 대항할 수 있는 후보 자체가 떠오르지 않았다. 다들 고만고만한 한 자릿수 지지율로 대선을 치르는 것조차 불가능해 보였다. 국민들은 정치권의 내로남불을 일거에 청산할 수 있는 새로운 인물을 간절히 기다리고 있었다. 공정과 상식이라는 기본적인 가치를 회복할 수 있는 사람은 보수와 진보 모두에게 엄격한 잣대를 들이댔던 윤석열 검찰총장이 유일했다.

시간이 한참 지나고, 대선에서 승리한 후 윤석열 대통령께서 후일담을 들려주신 게 떠오른다. 검찰총장을 사퇴하고 시간이 남을 때 우연히 '어벤저스 전략회의'를 보게 됐다고 말씀하셨다. 그런데 대뜸 자신을 향해 대선에 출마하라고, 그래야만 대한민국을 구할 수 있다고 열변을 토하는 우리 세 사람을 보고 힘이 나더라는 이야기를 해주셨다. 자연인 윤석열이 대한민국의 미래를 고민할 때 '어벤저스 전략회의'가 약간의 도움이라도 됐다는 사실이 뿌듯할 따름이다.

어쩌면 그때 이현종 논설위원과 신지호 의원의 제안을 흔쾌히 받아들인 게 내 인생을 바꾼 순간인지도 모른다. '방송도 많고, 바빠 죽겠는데 무슨 유튜브야'라고 생각했다면 윤석열 대통령의 1호 참모로 불리는 영광은 주어지지 않았을 것이다. 꼭 필요한 일이라면, 특히 그것이 대한민국을 위한 일이라면 너무 오래 고민하기보다 일단 하고 보는 게 중요하다. 세상은 행동하는 사람들이 바꾼다. 시작은 미약할지라도 그 끝은 창대할 수 있다. 어려운 환경에서도 도전하는 사람들, 기꺼이 계란으로 바위를 치는 사람들이 미래를 여는 주인공이 된다. 당시를 돌아보면 정권교체에 대한 열망이 너무 뜨거워 다들 계란으로 바위를 칠 준비가 돼 있었다. 그리고 우리는 민주화 이후 최초로 5년 만의 정권교체라는 불가능해 보이던 바위를 깨트렸다.

2.

4월의 어느 날, 저녁 식사 자리에서 전화가 울렸다. 어쩌다 한 번씩 만나서 교류하던 정치권 선배의 이름이 폰에 떠올랐다. 반가운 마음에 전화를 받았는데 금방 표정이 굳을 수밖에 없었다. 예상하지 못한 이야기를 들었기 때문이다. 바로 윤석열 검찰총장이 나와 함께 일을 하고 싶다는 말이었다. 도저히 믿기 힘든 내용의 전화였다. 그러나 이름을 밝힐 수 없는 선배는 정치권에서 공인된 최고의 전문가다. 여의도 업자들처럼 허풍을 치거나 없는 이야기를 지어낼 사람은 절대 아니었다. 1시간 가까이 전화를 하는 내내 심장이 크게 뛰었다. 쿵쿵거리는 소리가 귀에 들릴 정도였다.

이미 나에 대해서도 조사가 끝났다고 했다. 네덜란드에서 음대를 다닌 것, 웹소설 작가를 한 것 등등. 나름 철저한 검증을 거쳤다는 말에 가슴이 더 벅차올랐다. 무엇보다 선배가 나를 윤석열 검찰총장에게 추천한 것이 아니었다. 윤석열 검찰총장이 주위에 '장예찬이라는 친구 어때?'라고 먼저 물었고, 마침 나와 인연이 있던 선배가 나서서 가교 역할을 하게 된 것이다. 직접 선택을 받았다는 사실까지 확인했으니 더는 망설일 이유가 없었다.

한동안은 내게 전화를 걸었던 선배의 사무실에 모여 윤석열 검찰총장의 행보를 준비했다. 검수완박을 저지하기 위해 검찰총장에서 물러난 후 자연인 신분에 머물 때였다. 공식적인 캠프를 만들기도 전이다. 그야말로 극초기 상태, 극소수의 참모들만 윤석열 검찰총장에게 조언을 하고 있었다. 우리는 X팀이라는 이름으로 보고서를 썼고, 윤석열 검찰총장이 어떤 전문가를 만나면 좋을지 아이디어를 짜냈다.

이 시기 윤석열 검찰총장은 서울대 반도체공동연구소를 찾아 지금은 과기부 장관이 된 이종호 소장을 만났다. 권순우 자영업연구원장, 노동 전문가인 정승국 교수 등을 만날 때마다 관련 뉴스가 대한민국을 뒤덮었다. 정치권의 화제는 윤석열 검찰총장이 누구를 만나느냐에 집중됐다. 아무도 알지 못하지만, 뒤에서 그 일을 돕는다는 사실이 얼마나 짜릿했는지 모른다.

얼마 지나지 않아 모처에서 윤석열 검찰총장을 처음 만나게 됐다. 편하게 저녁을 먹자는 연락을 받고 드디어 그날이 왔구나 싶었다. 강렬한 인상을 남기고 싶어 마음을 굳게 먹었다. 그런데 처음 만난 윤석열 검찰총장은 정말 소탈하고 편한 모습으로 나를 맞이했다. 그때 우리는 윤석열 대통령을 '총장님'이라고 불렀다. 사퇴를 했어도 그게 제일 편한 호칭이었다. 시간이 지나며 '후보님'과 '대통령님'으로 자연스레 호칭이 달라졌다. 그래도 호칭과 무관하게 압도적 지지율을 자랑하는 대선주자라는 사실은 변하지 않았다. 엄청난 무게감이 뒤따를 수밖에 없다. 그렇지만 윤석열 총장은, 아니 총장님은 편해도 너무 편한 옷차림으로 나를 기다리고 있었다.

거기서부터 긴장이 풀리고 말았다. 대선주자가 아니라 마치 아버지 친구를 만난 기분으로 속에 있는 이야기를 다 할 수 있었다. 윤석열 총장은 내가 하는 이야기를 귀담아 경청해줬다. 몇몇 현안에 대해 의견이 달라도 '젊은 사람들이 보는 게 더 정확해'라며 나를 존중해주는 게 무척 인상적이었다. 검찰총장 출신이라서 권위적이다는 세간의 비평은 윤석열 대통령을 몰라도 너무 몰라서 하는 말이다. 마음을 열고 진솔하게 의견을 제시하면 누구보다 수평적인 소통이 가능하다.

그리고 절대 잊을 수 없는 이야기를 들었다. 내가 살아온 지난 날을 말하다 자연스레 드럼을 치고 글을 쓴 게 언급됐다. 사실 재즈 드러머나 웹소설 작가라는 경력은 정치권에서 흔히 볼 수 없는 낯선 커리어다. 스스로 자부심을 품고 있지만, 박사와 교수들이 즐비한 정치인들 사이에서는 내가 돌연변이처럼 느껴질 때가 없지 않았다. 정통 엘리트 코스를 밟지 않았다는 것이 시사평론가로 활동하는 내내 일종의 콤플렉스가 되기도 했다. 말재주 하나로 여기까지 왔지만, 제도권 안으로 진입하는 것에는 태생적 한계가 있다고 지레짐작했다. 그런데 윤석열 총장은 나를 보며 진지하게 말했다. '드럼을 치고 소설을 쓰는 사람이어서 더 좋다, 그게 훨씬 더 큰 장점이 될 수 있다, 천편일률적인 정치권 사람들 사이에서 특별한 무기를 가졌다고 생각한다'라는 말을 들었을 때 내가 느낀 감정은 설명이 불가능하다.

전율, 감동, 그런 단어로 표현하기에도 부족할 수밖에 없다. 내심 나를 괴롭혔던 인생의 콤플렉스가 한방에 해소되는 느낌을 어떻게 설명하겠는가. 사위지기자사(士爲知己者死)라고, 선비는 자신을 알아주는 사람을 위해 목숨을 바친다는 말이다. 부끄럽지만 이때부터 윤석열 총장을 위해 내 젊음을 바쳐도 좋다는 각오를 하게 됐다. 나의 한계를 깨준 사람이니 무엇도 아깝지 않다는 생각이 들었다.

꼭 강조하고 싶은 게 있다. 일부 언론이 윤석열 대통령의 인사를 평가하며 서오남(서울대·오십대·남성) 운운하는 것을 볼 때마다 어이가 없다. 역대 다른 대통령들은 특정 지연이나 코드 인사로 문제가 됐다. 그에 반해 윤석열 대통령의 인사에는 지연도 없고, 캠프 출신만 중용한다는 말도 나오지 않는다. 그저 실력을 중시해 우리나라 최고의 전문가를 찾다 보니 서울대 출신의 오십대 남성이 주로 물망에 오르는 것이다. 그렇다고 해서 윤석열 대통령이 서울대 법대만 선호한다는 것도 오해다. 출신 배경과 상관없이 능력과 실력 위주로 사람을 판단하는 열린 마음을 가졌다고 확신한다. 내가 처음 발탁되고 대선 기간 내내 중용된 것이 살아있는 증거이기 때문이다.

놀라울 정도로 소탈한 모습과 편견 없이 열린 마음을 국민들이 알 수 있게 전달하는 것, 그것은 윤석열 대통령과 정부를 위해 일하는 참모들의 몫이다. 윤석열 대통령을 가까이서 본 사람이라면 누구나 사심 없이 대한민국의 미래만 생각하는 대통령이라는 사실에 동의한다. 대통령 전용기에서도 수시로 회의를 소집할 만큼 국정을 집요하게 챙기는 워커홀릭의 면모도 있다. 여기 담긴 몇몇 에피소드에서 그런 모습들이 조금이라도 묻어나 국민들에게 전해질 수 있다면, 그런 간절한 마음으로 한 글자에 정성을 담아본다.

3.

정치는 기획에서부터 성패가 갈린다. 아무리 일을 잘해도 상징적인 장면이 없으면 국민들은 정치인을 기억하지 못한다. 정책을 제대로 추진하기 위해서, 국정 운영을 잘 해내기 위해서도 국민의 동의와 지지가 필요하다. 그렇다면 국민들의 마음을 움직이는 기획을 하는 것은 정치의 기본이라고 해도 과언이 아니다. 윤석열 총장을 처음 만난 자리에서 나는 나름의 기획안을 준비했다. 검찰총장 출신이라는 강한 이미지를 청년세대와의 소통을 통해 새롭게 풀어내고 싶었다. 그래서 꼭 만났으면 하는 청년 인재들을 선별해 추천했다.

여러 청년들 중에서 기억에 남는 3명의 이름이 먼저 떠오른다. 바로 전준영 천안함 전우회장, 한국원자력연구원의 김지희 선임연구원, 그리고 구미에서 박정희 대통령 지키기 1인 시위를 했던 김찬영. 이들을 추천한 이유는 분명했다. 전준영 전우회장을 만나면 문재인 정부가 소홀히 여겼던 보훈 문제를 부각할 수 있다. 무리한 남북 위장 평화쇼로 천안함 생존자와 유족들의 가슴에 대못을 박은 것을 정상으로 돌려놓아야 했다. 김지희 선임연구원은 탈원전 반대 서명 운동에 앞장섰던 행동하는 30대 여성 전문가다. 국가의 에너지 백년대계를 망친 탈원전 정책을 비판하는데 이만한 적임자가 없었다. 마지막으로 김찬영은 민주당 구미시장에 맞서 30일 넘게 1인 시위를 하며 박정희 대통령 정신을 지킨 청년이다. 청년과 박정희라는 키워드로 전통 보수층, 대구·경북의 민심을 잡는데 도움이 될 거라고 판단했다.

내가 만든 추천 명단을 읽고, 설명을 쭉 들은 윤석열 총장은 묵묵히 고개를 끄덕였다. 곧이어 '좋네, 여기 나온 청년들 다 만나봐야겠다'라는 반응이 나왔다. 속으로 쾌재를 불렀지만 티를 낼 수 없었다. 오직 윤석열 총장의 행보에 힘이 되기 위해 머리를 짜내어 준비한 시간이 값지게 느껴졌다.

그렇게 꿈 같은 시간이 지나갔다. 몇 시간이 넘도록 깊은 대화를 나눴고, 아쉬움을 뒤로한 채 자리에서 일어나게 됐다. 대선주자를 오늘처럼 편한 자리에서 다시 볼 수 있을까, 하는 걱정도 들었다. 비슷한 시기 여의도에서는 윤석열 총장 대선 캠프에 들어가고 싶은 사람들이 우후죽순 손을 들고 있었다. 여기가 진짜 캠프다, 저기가 진짜 캠프다, 라는 자기들 마음대로 캠프 차리기 전쟁도 한창이었다. 그에 비해 나는 윤석열 총장의 신뢰를 받는 초창기 참모진으로 합류하고, 직접 만나 오랜 시간 대화까지 나눴으니 더 바랄 게 없었다. 조바심을 내지 않고 주어진 역할을 묵묵히 수행하면 된다고 마음을 다잡았다.

그러나 기다림은 불과 2시간도 지나지 않아 해소됐다. 윤석열 총장은 미리 예정이 되어 있던 연세대 모종린 교수와의 만남에 나를 대동하겠다는 결정을 내렸다. 저녁 시간 동안 좋은 인상을 남긴 게 영향을 끼친 것 같았다. 그렇다고 쳐도 예사롭지 않은 중대결심이었다. 이제껏 윤석열 총장은 전문가들을 만날 때 항상 혼자였다. 윤석열 총장을 돕는 참모의 존재가 공식적으로 드러난 적은 없었다. 그런데 처음으로 공개 행보에 내가 참모 자격으로 함께 하게 된 것이다.

연세대 모종린 교수는 골목상권 전문가다. 청년들이 자기만의 브랜드를 만들어 상권을 띄우고, 직장·주거·즐길거리가 하나로 모이면 도시가 살아난다는 확고한 철학의 소유자였다. 우리는 연희동에 위치한 카페 겸 복합공간에서 저녁을 먹고, 연남동 일대를 돌아보며 청년들의 창의성 넘치는 공간을 살펴봤다. 신진 예술가들의 작품 전시도 관람하고, 반지하에 위치한 선술집에서 증류식 소주도 가볍게 한 잔씩 나눠 마셨다. 청년들의 창의력이 도시를 발전시킨다는 모종린 교수의 이야기는 내게도 무척 흥미롭게 다가왔다. 윤석열 총장도 시종일관 귀를 기울이며 청년들의 거리에서 새로운 문화를 받아들이고 있었다.

윤석열 총장의 수행이자 그날의 사회자, 그리고 언론 공개를

연남동 청년들의 거리에서

위한 기록자까지 1인 3역을 맡은 나는 매사 촉각을 곤두세웠다. 나를 믿고 첫 번째 동행이라는 역할을 맡겼는데 한 치의 실수도 용납할 수 없었다. 하지만 걱정한 것과 달리 모든 상황이 물 흐르듯 부드럽게 흘러갔다. 윤석열 총장은 골목상권에 대한 궁금증이 많았고, 모종린 교수는 겉핥기가 아닌 정곡을 찌르는 질문에 즐거워하며 대화를 이어나갔다. 이 모든 대화의 핵심을 요약하고 가끔 사진도 찍으며 나도 편안하게 연희동 거리에 녹아들었다.

늦은 밤, 정해진 일정이 끝나자마자 스튜디오로 돌아와 장예찬TV 유튜브를 촬영했다. 모종린 교수와의 만남을 유튜브로 최초 공개하라는 것은 윤석열 총장의 아이디어였다. '윤석열, 장예찬과 함께 모종린을 만나다'라는 제목도 직접 정해주셨다. 그만큼 내가 최초로 윤석열 총장의 참모로 등장하는데 많은 신경을 써준 것이다.

새벽 일찍 장예찬TV로 어제의 만남을 공개했다. 언론에서는 중앙일보가 단독으로 자세한 이야기를 담았다. 그때 중앙일보 단독을 쓴 기자와는 전혀 모르는 사이였다. 다만 평소 윤석열 총장과 관련된 기사를 정성스레 쓰는 게 눈에 보여 이번 단독은 해당 기자에게 주면 좋겠다는 의견을 냈다. 내 제안은 곧바로 통과됐다. 연희동 회동과 관련된 모든 것을 내게 일임했고, 전권을 준 것이다. 신뢰하는 사람에게는 과감하게 전권을 주는 것이 검찰총장 때나 대통령이 된 지금이나 윤석열 스타일인 것이다.

연희동 회동이 공개되고 언론에서는 나를 '윤석열 총장의 1호 참모'라고 불렀다. 이것이 훗날 대통령 당선 후 '윤석열 대통령 1호 참모'라는 영광스러운 칭호를 쓸 수 있게 된 바탕이다. 조선일보는 '드러머 출신 88년생 참모'라는 타이틀로 대서특필을 했다. 중앙일보도 윤석열 총장이 30대의 젊은 청년을 첫 번째 공개 참모로 선택했다는 사실에 주목했다. 그날만 하루에 수백 통의 전화를 받으며 기자들의 취재에 성실하게 응대했다. 연희동 회동에서 확인한 윤석열 총장의 진면목을 더 자세하게 알리고 싶었기 때문이다.

윤석열 대통령 1호 참모.

장예찬이라는 인물을 말할 때 평생 따라다닐 훈장이자 꼬리표다. 동시에 오직 나만이 쓸 수 있는 문장이기도 하다. 그렇기 때문에 반드시 윤석열 정부를 성공한 정부로 만들겠다는 의지가 남다를 수밖에 없다. 수십 년의 세월이 지나 국민들이 윤석열 대통령을 그리워할 때, '내가 1호 참모였다'라고 자랑스럽게 말하는 모습을 꿈꾸고 있다. 그 꿈을 이루기 위해 오늘 더 치열하게 정치를 하게 되는 것이다.

4.

1호 참모로 알려지며 하늘에 붕 뜬 기분을 느낀 것도 잠시, 곧바로 시련이 찾아왔다. 정치권에서 시기와 질투는 어디에나 존재하는 위험이다. 이름이 알려질수록 온갖 유언비어와 공격의 대상이 될 수밖에 없다. 나도 마찬가지다. 특히 시사평론가로 활동하기 전에는 자유로운 예술가로 살았기 때문에 공격할 게 많았을 것이다. 그래서일까. 연희동 회동이 알려지고 이틀 뒤, 윤석열 총장이 직접 전화를 걸었다.

"무슨 놈의 투서가 이렇게 많이 쏟아지나?"

그리고는 껄껄 웃는데 처음에는 신경이 쓰였지만 이내 마음이 편해졌다. 나를 음해하는 투서나 모함이 많다는 말을 직접 한 것은 무슨 의미일까. 그런 비판을 개의치 않으니 걱정하지 말라는 뜻으로 해석할 수밖에 없었다. 정말 문제라고 생각했다면 내게 알리지 않고 조용히 알아보는 게 상식적이기 때문이다.

그때부터 유력 대선주자의 참모로 일하는 게 살얼음판을 걷는 것과 같다는 자각을 하게 됐다. 내가 실수하기만 기다리는 보이지 않는 눈이 어마어마하게 많은 것이다. 실제로 대선 레이스 초기에 등장한 참모들이 끝까지 함께하는 경우는 그리 많지 않다. 워낙 많은 견제에 시달리다 보면 웬만한 내공으로는 견디기 힘들다. 돌아보면 초창기 1호 참모로 등장해 대선 기간 내내, 그리고 대통령직인수위까지 계속 곁을 떠나지 않고 일할 수 있었던 것은 기적이나 다름없다. 내가 뛰어나서라기보다 그만큼 많은 배려와 신뢰를 받으며 행운이 따랐던 덕분이었다.

하지만 견제와 음해는 한 번으로 끝나지 않았다. 윤석열 총장은 매헌 윤봉길 의사 기념관에서 정치 참여와 대선 출마 선언을 하게 됐다. 이제 윤석열 총장에서 윤석열 후보가 되는 역사적인 날이었다. 수많은 지지자와 기자들이 몰리는 것은 당연하고, 국회의원들도 수십 명 이상 참석해 힘을 실을 예정이었다.

1호 참모라는 영광도 과분한데 윤석열 총장은 정치 참여 선언의 사회를 내게 맡겼다. 매헌 윤봉길 의사 기념관에서 마이크를 잡고 국민들과 기자들 앞에서 사회를 보게 된 것이다. 또 하나의 기념비적인 순간이 될 수밖에 없다. 만사를 제치고 완벽하게 사회를 보기 위해 시나리오를 짰다. 밤잠을 줄여가며 연습에 연습을 더했다. 방송 경력을 믿고 자만하지 않았다. 윤석열이라는 인물이

드디어 대통령이 되겠다고 선언하는 날이다. 사회자로서 단 한 글자라도 더듬거나 잘못 읽고 싶지 않았다.

그런데 날벼락이 떨어졌다. 내가 웹소설 작가로 활동할 때 쓴 소설이 조폭 자서전이라는 기사가 올라온 것이다. 윤석열 총장의 정치 참여 선언을 불과 사흘 앞둔 날이었다. 당연히 악의적인 기사였다. 조창조라는 실존 인물의 일대기를 영화로 만들겠다는 영화사의 제안을 받고 원작소설을 집필한 것뿐이다. 공전의 인기를 기록한 드라마 야인시대 작가를 누구도 비난하지 않는다. 야인시대에서 김두한 역을 소화한 안재모 배우나 김영철 배우를 욕하는 사람도 없다. 그런 의미에서 영화를 제작하기 위한 원작소설을 조폭 자서전으로 매도하는데 어이가 없었다.

일고의 가치도 없는 공격이지만, 문제는 나 하나가 아니었다. 정치 참여 선언을 앞둔 윤석열 총장에게 티끌만큼도 피해가 가서는 안 된다. 내 명예보다 중요한 것은 역사적인 날에 폐를 끼치지 않는 것이다. 결국 불필요한 논란을 만들지 않기 위해 사회자 자리를 양보할 수밖에 없었다. 대의를 위해 망설임 없이 결정했지만, 개인적으로는 너무 기대했던 순간이 물거품이 되어 머리가 멍해졌다. 말도 안 되는 기사로 이런 타격을 입을 수 있다는 사실에 손이 벌벌 떨리기도 했다. 정치가 얼마나 무서운 바닥인지 뼈저리

게 느끼게 된 것이다.

실의에 빠진 그 날, 밤이 늦은 시각이었다. 다시 윤석열 총장에게서 걸려온 전화를 받게 됐다. 정치 참여 선언을 준비하며 모든 신경을 집중하고 있을 텐데 전화를 해주다니 의외였다.

“네, 총장님.”

전화를 받는 내 목소리에는 힘이 없었다. 지금도 젊지만, 그때는 더 어리고 정치 경험도 일천해서 속상한 감정을 숨기지 못했다. 윤석열 총장은 내가 어떤 심정인지 잘 아는 것 같았다. 특유의 큰 목소리로 호탕하게 말했다.

“이런 사소한 일로 흔들리지 말고, 위축되지도 마라. 사회는 너가 다른 사람보다 훨씬 잘 보겠지만 지금은 쓸데없는 논란을 피하는 게 중요하다. 너는 나와 끝까지 함께 가면서 중요한 일들을 많이 해야 하기 때문이다. 그러니 너가 다치지 않는 게 더 중요하다. 우리는 끝까지 간다.”

내가 이런 위로와 격려를 받을 자격이 있는 사람일까. 윤석열 총장의 말이 끝나고 대답하는 내 목소리는 이전보다 한결 씩씩해져 있었다. 전화를 끊고 가슴 깊은 곳에서 뭔가 울컥 올라오는 게 느껴졌다. 부동의 대선주자 1위가 국회의원도, 거물급 정치인도 아닌 청년 참모에 불과한 나에게 기운을 주려고 진심을 보여준 것이다.

이래서 수많은 후배들이 윤석열이라는 이름 석 자면 묻지도 따지지도 않고 뒤를 따르는구나, 사람을 진심으로 대하는 것이 윤석열 총장의 가장 큰 힘이라는 사실을 깨달았다. 번번이 좌천도 당하고 권력과 갈등을 겪으면서도 꿋꿋하게 자기 길을 가는 뚝심, 그 모습을 보며 믿고 따르는 후배들을 무심한 듯 세심하게 살피는 진심, 그 뚝심과 진심이 윤석열 총장을 설명하는 단어라고 할 수 있다.

5.

청년 참모로 일하며 해낸 일 중 가장 뿌듯한 것은 천안함을 다시 우리 사회의 수면 위로 부상시켰다는 점이다. 내가 제안한 청년 명단에는 전준영 천안함 생존장병 전우회장이 있었다. 마침 현충일을 앞둔 시점이었기에 전준영 전우회장을 만나기로 결정이

났다. 어렵게 수소문해 전준영 전우회장의 전화번호를 얻었다. 하지만 첫 통화에서 들려온 목소리에서는 반가움이 느껴지지 않았다. 오히려 나를 부담스러워하는 기색이 역력했다. 알고 보니 그동안 천안함을 이용만 하고 외면한 정치인들에게 상처를 많이 받은 것이다. 꽉 닫힌 전준영 전우회장의 마음을 여는 게 쉽지 않았다. 몇 번을 설득해도 정치인은 만나고 싶지 않다는 의지가 확고했다.

그러나 내게 장점이자 단점이 하나 있다면 집요함이다. 한 번 마음을 먹으면 여간해선 포기하지 않는다. 그리고 기존의 정치인들과 윤석열 총장은 다르다는 확신이 있기에 꾸준히 전화를 걸 수 있었다. 전준영 전우회장이 전화를 받지 않으면 문자를 남겼고, 다시 통화가 되면 이번만큼은 과거와 다를 거라고 설득에 설득을 거듭했다. 결국 2주에 걸친 설득 끝에 전준영 전우회장이 윤석열 총장을 만나기로 마음을 바꿨다. 그때 얼마나 기뻤는지 모른다. 진보가 폄훼하고 보수가 외면한 천안함 문제를 해결할 수 있을 것 같았다.

난관은 뜻밖의 경로로 찾아왔다. 윤석열 총장의 또 다른 참모그룹에서 전준영 전우회장과 만나는 것을 반대하는 사람들이 있었다. 현충일 만남을 추진한 나에 대한 견제인지, 아니면 다른 이

국민캠프 사무실에서

대통령님과 마주보며 활짝 웃다

유인지 몰라도 도무지 이해할 수가 없었다. 2주 동안 진심을 다해 어렵게 설득했는데 이제 뭐라고 말해야 하나. 전준영 전우회장의 상처 받은 마음을 느꼈기 때문에 더더욱 물러설 수 없는 사안이었다.

초강수를 뒀다. 전준영 전우회장의 마음에 다시 상처를 남기는 일은 납득할 수 없다고 말했다. 반대하는 참모들이 명확한 이유를 설명하고, 전준영 전우회장에게 직접 연락해 사과하지 않으면 이 일을 계속하지 않겠다고 선언했다. 중간에서 서로 다른 그룹의 의견을 조율하는 선배가 엄청나게 난감해했다. 내 문제였다면 얼마든지 양보했을 것이다. 그러나 영웅 대우를 받아야 할 젊은 청년의 문제다. 내가 다른 쟁쟁한 참모들에게 찍혀서 캠프를 떠나게 되더라도 소신을 굽힐 수 없었다.

결국 윤석열 총장이 직접 나서면서 문제가 해결됐다. 그것도 상상하지 못했던 획기적인 방식으로. 윤석열 총장은 전준영 전우회장에게 전화를 걸어 만남을 요청했다. 그리고는 대전에 위치한 전준영 전우회장의 집까지 찾아갔다. 서울에서 대전까지 한달음에 달려가는 모습으로 진정성을 증명했다. 이 자리에서 3시간이 넘도록 대화가 이어졌다. 천안함에 대한 좌파들의 괴담을 국가가 나서서 강력하게 대응해야 한다는 공감대가 형성됐다.

"천안함 괴담을 만들어 유포하는 세력, 희생 장병을 무시하고 비웃는 자들은 나라의 근간을 위협하고 혹세무민하는 자들이다."

윤석열 총장의 분명한 메시지는 큰 울림을 줬고, 우리 사회에서 천안함 문제를 다시 수면 위로 끌어올려 화제가 되게 만들었다. 한동안 보수 진영조차 외면하고 등한시했던 천안함을 국가의 중심 과제로 되돌린 순간이었다.

전준영 전우회장도 윤석열 총장을 만나기를 잘했다고 말했다. 30분 정도 의례적인 이야기를 나누고, 홍보용 사진만 찍고 떠나는 다른 정치인들과 달리 윤석열 총장과는 3시간 넘게 대화를 나눴다며 만족했다. 그날 윤석열 총장은 천안함 모자와 티셔츠, 배지 등 관련 물품을 대거 구매해 서울로 돌아왔다.

천안함을 향한 윤석열 정부의 진심은 변함없이 이어지고 있다. 윤석열 대통령은 정치 참여 선언부터 대통령 취임사에서 천안함과 전준영 전우회장을 언급했다. 역사적인 미국 국빈 방문에는 최원일 함장과 전준영 전우회장을 비롯한 천안함 장병들이 동행했다. 북한의 목함지뢰에 다리를 잃은 하재헌 예비역 중사, 제2연평해전 승전의 주역 이희완 해군 대령도 함께했다.

뿐만 아니라 윤석열 대통령은 해외 순방에서 산책을 다닐 때 천안함 모자와 티셔츠를 애용한다. 나토 정상회의 참석을 위해 리투아니아를 방문했을 때, 프랑스 파리를 방문했을 때도 천안함 모자와 티셔츠를 착용하고 산책을 하는 모습이 보였다. 용산 어린이정원 내 분수정원에서 열린 다둥이 가족 초청행사에서는 윤석열 대통령과 김건희 여사가 각각 흰색과 검은색 커플티로 천안함 티셔츠를 맞춰 입었다. PCC-722라는 글자가 선명하게 새겨진 윤석열 대통령 부부의 천안함 커플티는 대통령실에서 자체 제작한 것이다.

윤석열 대통령은 천안함에 대한 진심, 나라를 지키다 순직하거나 부상을 입은 영웅들을 기리는 진심이 없으면 결코 하기 힘든 행보를 꾸준히 이어가고 있었다. '한 나라는 그 나라가 배출한 인물들뿐만 아니라 그 나라가 기억하는 인물에 의해 그 존재를 드러낸다'라는 존 F. 케네디 대통령의 명언을 즐겨 인용하는 것만 봐도 윤석열 대통령이 보훈에 진심이라는 것을 알 수 있다.

대선 과정부터 대통령 당선 이후까지 지켜본 경험을 토대로 윤석열 대통령을 이렇게 표현하고 싶다.

약속을 지키는 대통령.

천안함 전준영 전우회장에게 한 약속을 지킨 것처럼, 우리 국민들과 한 약속도 반드시 지킬 거라고 믿는다. 당장의 인기나 지지율을 위한 포퓰리즘 대신 미래세대를 위한 선택을 하겠다는 약속도 우직하게 지켜나가고 있다.

어려운 국제 경기에도 불구하고 2023년 11월 기준 69.9%의 역대 최고 고용률을 달성한 것, 반대로 실업률은 역대 최저인 2.3%를 기록한 것도 미래세대를 바라보며 뚝심 있게 건전재정 정책을 펼친 결과다. 무엇보다 청년 고용률이 지속적으로 상승하며 25-29세 고용률도 역대 최고를 기록한 게 고무적이다. 민간 중심의 경제로 청년들의 일자리가 늘어나고 있는 것이다.

영국의 이코노미스트가 평가한 OECD 35개국의 경제 성적에서도 대한민국은 2위를 기록하며 특히 서민들을 괴롭히는 물가 상승 억제에서 높은 점수를 받았다. 무역 적자도 2023년 6월부터 흑자로 돌아섰고, 경상수지 흑자 역시 갈수록 호조가 예상되는 상황이다.

노골적으로 대선에 불복하는 민주당의 발목잡기와 지긋지긋한 가짜뉴스 총공세, 편향적인 언론의 꼬투리 잡기에도 불구하고 대한민국의 외교·안보는 물론이고 경제 역시 정상궤도에 올라섰다.

약속을 지키는 대통령의 뚝심이 나라를 되살리고 있는 길에 1호 참모로서 미력하나마 모든 열정을 바칠 것이다. 윤석열 대통령을 처음 만난 날 내 젊음을 바치겠다는 각오를 품은 뒤로 단 한 번도, 잠시라도 다른 생각을 해본 적이 없다.

7

공중전 전문가의 지상전 도전기

朝鮮日報

[아무튼, 주말] 탈꼰대 전략으로 尹 당선 이끈 그들… "이제 대통령님과 한잔해야죠!"

입력 2022.03.12. 오전 3:01 · 수정 2022.03.12. 오전 9:27

국힘 청년보좌역이 말하는'승리'를 만든 결정적 순간

"선거 결과 기다리느라 심장 터지는 줄 알았습니다. 이제는 대통령님과 한잔하고 싶습니다!"

지난 7일 만난 청년보좌역 윤희진(왼쪽부터), 박성민, 박민영, 김서령, 신단아, 장예찬 청년본부장, 김찬영 청년본부 수석부본부장

전문가들은 정당에서 청년 역할이 더 커져야 한다고 평했다. 신율 명지대 정치외교학과 교수는 "40대가 정치적 부동층으로 굳어지면서 2030 세대가 새로운 표심 공략층이 됐다"며 "현 정권 기조에 민감하게 반응하는 2030 세대가 정치 전면에 나섰다는 데 의미는 있지만, 여야 모두 청년의 역할이 뚜렷하진 않았다" 고 말했다. 장승진 국민대 정치외교학과 교수는 "어떤 당선인이든 선거 때는 청년을 앞세운다. 반짝 빛나고 끝날 것이 아니라 선거이후에도 국정이나 정당 정책에 청년이 힘을 싣도록 해야 한다"고 말했다.

대선 캠프 청년들의 활약상을 담은 조선일보 특집기사

—

7. 공중전 전문가의 지상전 도전기

1.

정치 참여 선언 이후 윤석열 대통령을 부르는 호칭은 총장님에서 후보님으로 바뀌었다. 경선 캠프가 차려졌고, 나는 청년특보로 합류했다. 한 문장으로 줄이기에는 일일이 설명하지 못할 우여곡절이 많았다. 경선 초기에는 특보라는 직책을 전직 국회의원 이상에게만 쓰도록 했다. 그럼에도 청년특보라는 직책을 받았으니 책임감이 더 무거워졌다.

1호 참모로 등장해 극소수의 선배들과 일할 때와는 상황이 많이 달라졌다. 경선 캠프 규모는 나날이 커지고 있었다. 여러 조직이 생겨났고, 역할 분담이 이뤄졌다. 다양한 경로로 캠프에 합류한 사람들의 보이지 않는 기 싸움도 빈번했다. 조금이라도 많은 일, 중요한 일을 하기 위해 캠프 내부에서도 경쟁이 치열하게 전개됐다.

그러나 청년과 관련된 분야는 내가 전담한다는 사실에 누구도 이의를 제기하지 않았다. 외곽 조직이나 캠프 내 다른 본부에서 청년 업무를 진행해도 최종 결정은 청년특보인 나를 중심으로 내리는 구조였다. 정치 경험이 많은 선배들, 국회의원 출신의 어른들도 청년 문제를 처리할 때는 나를 찾아와 의견을 물었다. 윤석열 후보가 그만큼 내게 힘을 실어줬기 때문에 가능한 일이었다.

청년 조직, 청년 정책, 청년 일정을 아우르며 경험을 쌓는 동시에 실력을 증명해야 했다. 청년 일정을 만들 때는 기존 정치권에서 보지 못한 색다른 그림을 연출하는데 집중했다. 그래서 북카페부터 대학교 캠퍼스의 잔디밭, 공유 오피스, 대학로의 소극장, 연남동 카페거리 등 청년스러운 장소를 알아보고 섭외하느라 진땀을 흘렸다. 대선 후보의 일정은 무척 급박하게 결정된다. 미리 정해놓아도 숨가쁘게 변하는 정치 상황에 따라 훅훅 바뀔 때가 많다. 어렵게 섭외한 장소를 뒤로하고, 하루 만에 새로운 장소를 찾아야 하는 경우도 있었다. 그래도 청년 행사를 하면 언제나 좋은 그림이 나온다는 기분 좋은 평가를 받았다.

동시에 조직도 챙겨야 했다. 대선 캠프에서 가장 많은 인력이 투입되는 분야가 바로 조직이다. 특히 적극적으로 투표에 참여하는 당원 조직을 탄탄하게 구축하는 것은 경선 승패를 좌우한다. 청년 당원들의 조직을 만드는 것 역시 청년특보에게 주어진 임무였다. 사실 조직 업무를 해본 적 없는 내게는 어려운 도전이었다. 당에서 청년위원회 생활을 하지 않았기에 각 지역의 청년 당원 선배들 면면을 잘 모른다는 한계도 있었다. 그러나 혼자서 모든 것을 다 해낼 수는 없다. 내 옆에는 당 생활을 오래 하며 전국적 네트워크를 지닌 동료들이 있었다. 대선 캠프 일정팀으로 합류한 김성용 미래세대 위원장, 청년최고위원 출마 경험으로 전국 네트워크를 만든 박진호 김포갑 당협위원장, 대구·경북 지역 총학생회에 정통한 김찬영 행정관 등의 도움을 받았다.

이렇듯 다양한 사람들의 노력과 재능이 모여 경선 캠프 중에서는 유일하게 17개 전국 청년위원회 조직을 만들어냈다. 본선이 아닌 경선 단계에서 17개 시도의 청년 조직을 만든다는 것은 엄두를 내기 어려운 일이다. 그럼에도 이왕 하는 일 제대로 보여주겠다는 의지로 전국 조직을 구성했다. 그 과정에서 들어온 당 안팎의 견제도 만만치 않았다. 그래서인지 경선 때부터 청년위원회로 힘을 보태준 선후배들이 더 고맙고 애틋하게 느껴진다. 오직 윤석열 후보의 캠프에서만 전국 단위의 청년위원회를 만들었다는 것은 시간이 지나도 두고두고 자부심을 느끼게 하는 부분이다.

청년위원회 발대식도 성대하게 치렀다. 강남의 최인아 책방을 빌리고, 대형 LED 미디어월을 설치해 현장에 오지 못한 지방 청년들도 줌으로 참여하게 했다. 17개 시도에서 올라온 청년들이 현장을 채웠고, 미처 참석하지 못한 200명의 청년들은 LED 화면에 얼굴을 띄우고 윤석열 후보를 만났다. 디지털과 아날로그를 결합한 형식의 발대식이었다. 윤석열 후보도 전국 청년위원회 발대식에서 많은 힘을 받았다고 밝혔다. 다 함께 몇 달을 고생하며 만든 청년 조직이 후보의 인정을 받고, 다양한 언론에도 화제의 뉴스로 소개됐다.

이때 혼자서는 아무리 잘나도 잠시 반짝일 뿐, 오래 가고 멀리 갈 수 없다는 생각을 했다. 각자 장단점이 다른 사람들이 힘을 모으고 뭉칠 때 시너지 효과가 나타나 기대치를 넘어서는 결과를 만드는 것이다. 낯설었던 조직 업무를 총괄하며 힘든 점도 많았지만, 미지의 세계에 발을 딛으며 뼈에 새길 교훈들을 얻었다.

2.

본선에서는 청년본부장을 맡게 됐다. 사실 대선 과정에서 청년본부장으로 임명될 때까지 마음고생을 제일 많이 했다. 본질적으로는 당시 국민의힘이라는 정당이 윤석열 후보를 도와주기보다 발목을 잡는 측면이 더 컸기 때문이다. 나도 그 어지러운 정치적 파동에 같이 휩쓸릴 수밖에 없었다. 윤석열 후보는 공식적인 당의 대선 후보가 됐고, 당무우선권을 갖게 됐지만 오히려 간섭하는 사람들이 더 늘어났다. 선대위원회가 정식으로 출범하기까지 1달 넘은 시간이 걸렸다. 그러고도 사상 초유의 당 대표 가출 사건이 연달아 터지며 기존의 선대위를 해체하고, 실무형 선대본부를 새로 발족시킬 수밖에 없었다.

그 과정을 몸소 겪으면서 느낀 정치권 내부의 암투는 상상을 초월했다. 정권교체라는 대의명분보다 자신들이 주도권을 잡는 게 훨씬 중요한 사람들이 이렇게 많다니. 경선 캠프에서 벌어졌던 다툼은 애교 수준이었다. 청년들이라고 다르지 않았다. 조금이라도 괜찮은 자리를 차지하기 위해 온갖 인맥과 배경을 동원해 압박이 들어오곤 했다. 대선 경선에서 기여하고 고생한 만큼 직책을 주는 게 당연하다고 생각했지만, 피도 눈물도 없는 자리다툼에 원칙과 명분은 중요하지 않았다. 내가 청년본부장이 되는 것을 반대하는 세력의 음해와 공작도 난무하고 있었다. 그 중심에 이준석 전 대표의 측근들이 있었다는 사실은 굳이 말하지 않아도 다들 짐작할 수 있을 것이다.

우여곡절이라는 사자성어도 가볍게 느껴질 정도의 우여곡절을 겪고, 사람에게서 상처도 많이 입었다. 그러면서 유들유들했던 정치적 맨살이 상처와 흉터로 단단해지는 것을 느꼈다. 절대 물러서지 않고 악착같이 버텼다. 때로는 감언이설로, 때로는 협박으로

청년본부 임명장 수여식의 윤석열 대통령

나를 밀어내려던 사람들에게 굴복하지 않았다. 끝끝내 대통령선거 중앙선대본의 청년본부장으로 임명을 받았다.

선대위에서 선대본으로 체제가 바뀌며 대선 캠프는 효율적으로 돌아가기 시작했다. 선대본 산하에서 공식적으로 본부장 직책이 주어진 사람은 불과 몇 명도 되지 않았다. 그만큼 청년본부에도 힘이 실렸다. 사무실도 꽤 넓게 배정을 받았고, 20명의 상근자를 둘 수 있게 됐다. 역대 어느 대선에서도 청년본부가 이 정도 지원을 받은 적은 없었다고 한다.

평상시에는 최고위 회의가 있다면, 선거가 펼쳐질 때는 선대본 회의가 그 역할을 대신한다. 기자들과 카메라 앞에서 1주일에 몇 번씩 주요 메시지를 내는 것도 선대본 산하 주요 본부장들의 역할이다. 이때 우리는 파격적인 시도를 감행했다. 권영세 선대본부장과 윤재옥 상황실장의 적극적인 동의를 얻어 청년보좌역을 선대본 회의에 배석시킨 것이다. 단순히 자리만 준 게 아니라 모두발언을 하게 만들었다. 매주 새로운 청년보좌역이 돌아가며 회의에 배석하고 다양한 시각으로 모두발언 메시지를 냈다. 대한민국 선거 역사상 전무후무한 시도였다. 청년본부장으로서 메시지를 내고 주목을 받는 것도 중요하지만, 더 많은 청년들에게 기회를 주는 것도 내 책임이라고 생각했다.

언론들은 앞다퉈 윤석열 대통령 후보 캠프의 청년들을 주목하기 시작했다. 청년본부에서 운영한 청년보좌역이라는 독특한 제도는 성공적으로 이슈를 이끌었다. 대선이 끝나고 조선일보에서 한 면을 통째로 들여서 나를 포함한 청년본부 주요 인사들과 청년보좌역을 인터뷰할 정도였다.

하지만 보이지 않는 곳에서도 해야 할 일이 산더미처럼 많았다. 흩어진 전국 청년조직의 통합이라는 과제도 청년본부장의 몫이었다. 경선 캠프 때 청년위원회를 만들었지만, 당의 공식적인 조직이 아니었다. 국민의힘에는 17개 시도당이 있고, 시도당 산하의 청년위원회가 존재하고 있었다. 원래는 중앙청년위원회가 컨트롤 타워 역할을 하고, 17개 시도당 청년위원회와 유기적으로 손발을 맞춰야 한다. 그러나 김종인 비대위 때부터 중앙청년위원회가 유명무실해졌고, 3년 가까이 활동을 못 하는 상태였다. 컨트롤 타워가 없으니 17개 시도당 청년위원회는 서로 친한 지역끼리 어울리며 하나로 힘을 모으지 못했다.

지름길 따위는 존재하지 않았다. 저마다 강한 개성과 자존심을 지닌 시도당 청년위원장들을 일일이 만날 수밖에 없었다. 일을 진행하는 과정에서 오해도 생기고, 갈등의 중심에 서기도 했다. 일부 시도당 청년위원장들은 서로 사이가 너무 안 좋아 한자리에

중앙청년위원회 발대식

모이지도 않았다. 정당 활동의 특성상 국민의힘과 민주당 모두 청년의 연령을 만45세로 정해놓았다. 말인즉슨 시도당 청년위원장 대다수가 40대 초중반의 선배들이라는 뜻이다. 10살 가까이 차이 나는 선배들 틈에서 청년본부장으로 중심을 잡기 위해 무던히도 노력했던 기억이 난다. 직책이 주는 권위로 해결될 일이 아니기 때문에 동생의 입장으로 다가갔고, 자존심을 죽이는 일도 불사하며 당의 공식 청년 조직을 화합시키기 위해 최선을 다했다.

결과적으로 큰 문제나 사고 없이 대선을 마쳤다. 청년유세단도 만들어 전국 현장을 돌아다니며 청년들을 연단에 세웠다. 몇몇 청년의 연설은 유튜브 조회수 50만 이상을 기록하며 화제가 되기도 했다. 사실 이때도 기존의 유세본부와 청년유세단 사이에 보이지 않는 알력이 있었다. 그러나 갈등은 크게 키우면 싸움이 되는 것이고, 잘 마무리하면 헤프닝으로 끝난다. 선거 과정에서 일어나는 각양각색의 갈등을 어떻게 정리해야 하는지 몸으로 때우며 배웠다. 물론 어려울 때마다 청년들의 편에서 손을 들어준 권영세 선대본부장과 윤재옥 상황실장이 있었기에 가능한 일이었다.

3.

청년특보로 시작해 청년본부장 직책을 수행하며 대선을 치르는 과정에서 조직의 중요성을 깨닫게 됐다. 대선 이전의 나는 조직 관리를 구태 정치라고 생각했다. 나처럼 방송에 나와 미디어를 상대하고, SNS로 기사를 만들어내는 게 훨씬 높은 차원의 정치를 하는 것이라 믿었다. 정치권의 전문용어로 방송이나 언론에 노출되는 것을 공중전이라고 한다. 반면 지상전은 직접 사람을 만나 명함을 돌리고, 골목길을 돌아다니며 바닥을 다지는 것을 뜻한다. 나 같은 사람은 공중전 전문가로 분류될 수밖에 없다. 방송을 통해서 유명세를 얻었고, 덕분에 청년본부장도 맡게 됐다. 그러나 지상전을 열심히 해온 사람들이 봤을 때는 어느 날 갑자기 인지도를 등에 업고 툭 떨어진 낙하산처럼 보일 수도 있다. 그런 시각을 알고 있기에 지상전도 더 잘 해내고 싶었다. 정당 생활은 아니지만, 2015년부터 정치권에서 산전수전을 겪으며 여기까지 왔다는 것을 보여주고 싶었다. 그러면서 점점 지상전의 소중함, 조직의 중요성에 대해 눈을 뜨게 된 것이다.

그런데 이준석 전 대표와 측근들은 미디어에 의존하는 공중전만 중요하게 생각하면서 시도당에서 헌신하는 청년들을 존중하지 않았다. 행사장에서 현수막을 달기 위해 쫓아다니는 사람, 의자를 나르며 질서 정리를 하는 사람, 친절한 안내원이 되는 사람, 이런 사람들이 없으면 어떤 정치 행사도 순탄하게 치러질 수 없다. 그럼에도 방송에 나온다는 이유로, 유명세가 있다는 이유로 선부를 우월감을 느끼며 현장에서 땀 흘리는 사람들을 무시하는 것 같았다.

그들과 비슷한 시각을 공유했던 나는 청년본부장을 맡으며 완전히 달라졌다. 대선을 치러보니 묵묵히 지상전에 종사하는 사람들이 없으면 어떤 선거도 제대로 돌아가지 않는다는 사실을 명확하게 느낄 수 있었다. 흔한 농담으로 공중전과 해전에서 승리해도 마지막 깃발을 꽂는 팀은 육군이라는 이야기가 있다. 상대적으로 주목을 덜 받는 사람들의 헌신과 희생을 소중하게 여기지 않으면 정당은 서서히 무너질 수밖에 없다.

여전히 나는 공중전이 더 편하고 익숙하다. 강력한 스피커 역할로 당과 정부를 돕는 일에 앞장서고 있다. 그렇지만 이제는 지상전을 하는 사람들을 더 인정하고 띄워주기 위해 노력한다. 대선 때부터 그들에게 고개를 숙이고 존경을 표했다. 화려한 스포트라이트를 받는 공중전의 정치인들도 누군가의 헌신 없이는 언제 무너질지 모르는 모래 위의 성에 불과하니까.

최고의 AI가 개발된다고 해도 그 기계들이 사람의 온기를 간직할 수는 없다. 사람의 감성을 흉내는 낼 수 있어도 원초적인 감정을 따라올 수는 없다. 가장 낮은 곳으로 시선을 돌려야 한다는 것을, 때로는 가장 평범한 사실이 진리라는 것을 기계는 알지 못한다. 기계는 발전을 염두에 두고 위로만 달리는 경향이 있다. 그렇지만 사람은 높은 곳에 있을수록 아래를 향한 시선을 거둘 수 없다.

그것이 바로 정치의 본질이다. 본질을 망각하고 뿌리 없이 떠돌다 한때의 불나방으로 치부되어 쓸쓸한 연극을 마치는 정치인들은 차고 넘친다. 지금도 여의도에는 빛나는 재능으로 반짝했다가 주위 사람들을 다 잃고 독기만 남은 망령들이 배회하고 있다. 정치의 본질과 뿌리를 단단히 하기 위해서는 공중전 전문가일수록 지상전을 경험하고, 그 어려움과 소중함을 반드시 뼈에 새겨야 한다.

4.

이런 경험들이 밑천이 되어 전당대회에서 청년최고위원 선거를 할 때도 큰 힘이 됐다. 17개 시도당 청년위원회의 대부분이 나를 지지했고, 선거 과정에서 다시금 전국 청년조직을 통합하는 성과를 이뤄냈다. 단지 인지도를 믿고 선거한다는 말을 듣고 싶지 않았다. 소위 친윤들이 밀어줘서 선거를 편하게 한다는 소리도 듣기 싫었다. 그렇기에 누구보다 열심히 뛰었고, 전국 각지를 빠짐없이 누비고 다녔다. 전당대회에 출마한 모든 후보들 중에서 최고 득표율을 기록한 것은 우연이 아니라고 말하고 싶다. 대선 과정에서 지상전을 배우며 쌓은 정치적 경험을 전당대회에서 그대로 써먹을 수 있었다.

청년최고위원에 당선된 후에는 중앙청년위원회 재건에 착수했다. 청년최고위원이 중앙청년위원장을 겸임하기 때문이다. 당헌·당규에 명시된 유일한 상설 청년기구인 중앙청년위원회가 살아나야 17개 시도당 청년위원회도 원활하게 돌아갈 수 있다. 지난 3년간 실종 상태였던 중앙청년위원회를 부활시키고, 그 위상을 높이는 일은 당내 청년들에게 크나큰 동기 부여가 되는 것 같았다.

기본적으로 정치는 돈 버는 일이 아니다. 세상을 바꾸기 위한 일이고, 그 과정에서 명예를 중시할 수밖에 없다. 중앙청년위원회가 유명무실할 때는 고생하는 청년 당원들에게 나눠줄 당직도 마련하기 어려웠다. 그러나 공식 기구가 발족하면 중앙청년위원회 부위원장부터 각종 특위 위원장 등 다양한 당직을 청년들에게 줄 수 있다. 이런 것도 청년 당원들이 자부심을 갖고 활동하는데 중요한 영향을 끼친다. 누군가는 건방지게 임명장이 뭐 대수냐며 비아냥거리겠지만, 임명장에 함축된 노력의 의미를 안다면 조직 재건은 결코 경시할 수 없는 일이다.

2023년 6월, 보수 정당에서 무려 3년 만에 중앙청년위원회가 부활하게 됐다. 17개 시도당 청년위원회에서 300명의 핵심 청년 당원들이 참석해 임명장을 수여 받았다. 당시 김기현 당 대표와 이철규 사무총장이라는 당의 핵심 지도부도 축사로 자리를 빛내줬다. 중앙청년위원회 행사에 당 대표와 사무총장이 동시에 참석한 것도 매우 드문 일이다. 그만큼 청년 조직 재건에 대한 당 차원의 의지가 강했고, 기대 이상으로 중앙청년위원회의 위상을 높일 수 있었다.

3년만에 부활한 중앙청년위원회

"청년, 청년, 말로만 한다고 다 청년을 위하는 게 아니라 진짜 고생하는 청년들을 제대로 대우하는 것이 새로운 정치문화의 시작입니다. 총선 승리를 우리의 힘으로 만들고, 그 열매를 여기서 고생하신 청년들과 함께 나누겠습니다."

내가 중앙청년위원회 발대식에서 전국의 청년 당원들에게 약속한 말이다. 단순히 논공행상을 뜻하는 말이 아니다. 현장에서 가장 고생하는 청년 당원들의 땀방울이 총선 승리의 밑거름이라는 사실을 당 지도부와 국회의원들이 알아달라는 것이다. 또 선거에 기여한 청년들이 스스로 도약할 수 있게 공식적인 제도로 발판을 만들어야 한다. 공정한 기회가 주어지지 않는다면 청년들은 하나둘 지쳐 떠나갈 수밖에 없다.

다행히 국민의힘과 윤석열 정부는 청년들의 정치 참여 기회를 대폭 늘리는 방향으로 나아가고 있다. 2022년 지방선거는 청년 정치가 쾌거를 거둔 사례다. 국민의힘에서만 310명 이상의 청년 지방의원이 당선됐다. 역대 최대 수치로 전국의 지방의회가 한층 젊어진 것이다. 이들은 전국청년지방의원협의회를 만들어 독자적인 목소리를 내고 있다. 기회가 주어지니 새로운 정치 혁신이 가능해진 셈이다.

윤석열 정부는 장관급 부처에 청년보좌역 제도를 신설하고, 부처마다 청년자문단을 만들었다. 평범한 2030이 부처의 정책에 목소리를 내고, 이들의 의견을 청년보좌역이 취합해 장관에게 직접 전달하는 구조다. 대선 때 성공했던 청년보좌역 제도를 국정 운영에 도입한 것이다. 대통령직인수위를 거쳐 대통령실에도 어느 때보다 많은 청년들이 기회를 부여받아 실무 경험을 쌓고 있다. 당장 튀는 인사는 아니지만 폭넓게 뿌린 청년의 씨앗이 5년 뒤, 10년 뒤에는 보수 진영을 이끌어갈 나무로 자라나리라 믿는다.

8

대통령직인수위의 돈키호테

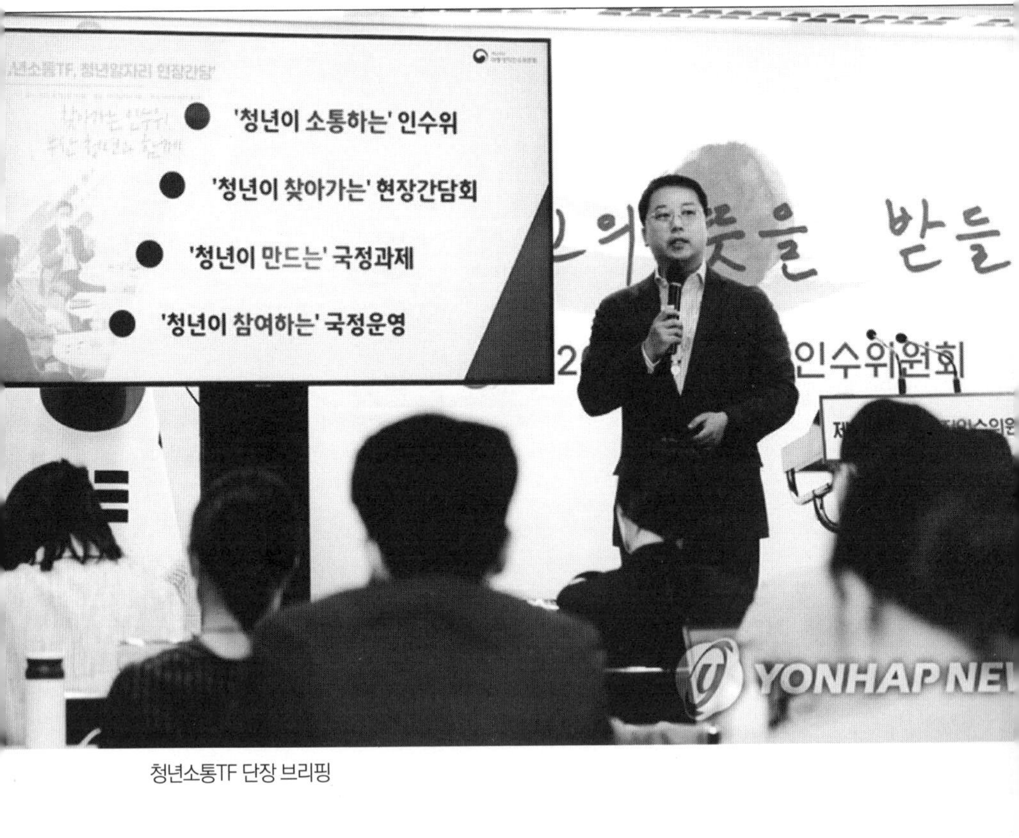

청년소통TF 단장 브리핑

–

8. 대통령직인수위의 돈키호테

1.

20대 대선 승리는 대한민국 대통령 선거 중에서 최고의 격전이었다. 그 접전이 얼마나 치열했는지, 그 개표현장이 얼마나 정말 가슴을 뛰게 하고 조마조마했는지는 우리 국민들이 다 같이 지켜봤을 것이다. 개표결과가 그 치열함을 증명하고 있다. 대한민국 제20대 대통령 선거에서 국민의힘 후보로 출마한 윤석열 후보가 이재명 후보에 0.73%p 앞선 48.56%의 득표율로 당선이 됐다. 대통령 선거 역사상 최초로 개표 진행 99%를 넘긴 후에 당선이 확정된 것은 물론, 2위인 이재명 후보와는 가장 낮은 차이인 0.73%p 차이로 당선이 되었다. 전무후무한 기록이자 그만큼 치열했던 싸움이었다.

그때 나는 여러 방송에 출연해 이렇게 증언했다. 0.7% 차이는 윤석열 대통령에게는 약이 되고, 이재명 후보에게는 독이 될 것이다. 아슬아슬한 차이였던 만큼 윤석열 대통령이 민심의 준엄함을 느끼면 약이 될 수밖에 없다. 반대로 이재명 후보와 민주당은 0.7%라는 격차에 집착해 '우리가 이길 수 있었는데 아깝게 졌다' 라고 생각하는 순간, 민심을 외면하고 정부 발목잡기에 치중할 수밖에 없는 것이다.

결국 내 전망은 고스란히 맞아떨어진 예언이 됐다. 민주당은 대통령 당선인이 나왔음에도 그 기간 사이 검수완박을 밀어붙여 통과시켰고, 윤석열 대통령 취임 이후 사사건건 정부의 법안과 예산에 딴지를 걸며 노골적인 대선 불복에 나섰다. 쌓이고 쌓인 민주당의 발목잡기는 결국 국민들의 심판을 받게 될 것이라고 믿는다.

그와 별개로 치열했던 승리 이후에 대통령직 인수위가 출범했다. 일반적인 국민들, 심지어 정치권에 종사하는 사람들과 기자들마저 인수위의 내부사정과 구조에 대해서는 제대로 파악하지 못하고 있다. 대통령직인수위는 5년에 한 번 생성되는 조직이기에 그 실체를 낱낱이 알기 힘들기 때문이다. 인수위에는 법적으로 12명의 인수위원이 존재한다. 이 사람들을 보통 장관급이라고 평가한다. 실제로 인수위원 중에 새 정부의 장관으로 임명을 받는 사람이 적지 않다.

인수위원 밑으로는 전문위원이 있고, 또 그 아래에 실무위원이 발령을 받는다. 대통령 당선인 비서실과 인수위원, 전문위원, 실무위원을 제외한 자문위원과 연구위원, 상임위원 등은 법적으로 보장된 자리는 아니다. 냉정하게 말하면 정치권에서 자리를 나눠주는 용도라고 보면 된다.

전문위원은 보통 행정부처에서 1, 2급 공무원들이 파견된다. 차기 정부에서 차관 내지는 경력을 쌓고 장관 후보군에 오르내리는 사람들이라고 보면 된다. 정통 관료 출신의 장관 중에서 대통령직인수위 전문위원을 거치지 않은 사람을 찾아보기 힘들다. 그만큼 에이스 공무원들이 파견을 나오는 것이다. 실무위원도 결코 가볍지 않은 자리다. 중앙부처에서 4급 공무원이 차출된다. 행정부 4급 서기관은 대부분 40대 과장이다. 우리나라의 정책을 결정하는 중요한 대소사는 4급 과장들이 결정한다고 해도 과언이 아니다. 그 어렵다는 행정고시에 합격하고, 12년 이상 무탈하게 근무해야 4급 서기관이 된다는 걸 생각하면 실무위원의 무게감을 알 수 있다. 일반 기업에서는 상무급 임원들이 인수위 실무위원으로 파견되는 것을 확인할 수 있었다.

윤석열 대통령은 인수위 초기부터 보여주기 식으로 20대나 30대를 인수위원으로 깜짝 발탁하는 것을 고민했다. 그렇게 되면 언론이 주목하고, 계속해서 핫이슈가 될 것은 분명했다. 정치적 효과를 노린 인사로 고민해볼 여지가 충분히 있었다. 그러나 20대 또는 30대 장관이 나와도 실제 평범한 삶을 살아가는 2030에게는 별 도움이 안 될 가능성이 높다. 그냥 운 좋게 픽업된 한 사람만 좋고 끝나는 일이다. 동시에 진정성이 없는 보여주기 쇼가 될 수 있다는 우려도 만만치 않았다.

결국 윤석열 대통령 당선인은 보여주기 쇼 대신 더 많은 2030 청년들이 경력을 쌓고, 실무를 배울 수 있는 길을 선택했다. 중앙부처 4급이 파견 나오는 실무위원 자리에 무려 20명을 2030 청년의 몫으로 배정한 것이다. 언론에서는 대서특필하지 않았지만, 역대 대통령직인수위 중 가장 많은 청년들이 참여한 셈이었다. 그들이 훗날 대통령실과 총리실, 중앙부처와 정당에서 무럭무럭 자라고 있는 것을 보면 10년·20년 뒤를 내다보며 투자를 한 것과 마찬가지다. 언젠가 제20대 대통령직인수위를 경험한 청년들이 국회의원이 되고, 장관이 된다면 윤석열 대통령이 뿌린 씨앗이 열매를 맺었다는 것을 그제야 온 세상이 알게 될 것이다.

결과적으로 역대 대통령직인수위에서 청년들이 가장 많이 참여한 인수위가 윤석열 대통령의 인수위였다. 다만 인수위원처럼 언론과 국민의 관심을 끄는 튀는 자리가 아니라 오로지 묵묵히 일만 하는 자리가 실무위원이다. 하지만 이토록 파격적인 인사에 숨은 의미를 언론은 제대로 이해하지 못했다. 청년을 일회성 이벤트의 소모품이 아니라 미래 자산으로 바라보는 윤석열 대통령의 시각을 따라가기에 우리 언론 환경은 너무 뒤떨어져 있었다.

나는 영광스럽게도 20명 가량의 청년 실무위원들을 이끄는 청년소통TF 단장으로 발령을 받았다. 동시에 윤석열 대통령 당선인 청년보좌역이라는 비서실의 직책도 부여됐다. 힘을 팍팍 실어줄테니 마음껏 청년 국정과제를 만들어보라는 대통령의 배려가 느껴졌다.

청년소통TF가 출범한 날, 대통령직인수위는 언론에 배포한 자료에서 이렇게 설명하며 우리에게 힘을 실어 주었다.

"국민들과 더욱 적극적으로 소통하고, 그러한 의견을 반영한 국정과제의 선정을 위해 인수위 기획조정분과 내에 청년소통TF

를 설치한다. 인수위 청년소통위원들이 전국의 국민들을 찾아가 정책제안을 받고 이를 바탕으로 청년들이 직접 만드는 국정과제를 실현할 계획이다."

2.

대통령직인수위에서 우리나라 최고의 관료들에게 공식적으로 소명된 보고를 받으며 청년 국정과제를 만드는 경험을 한 것은 그야말로 아찔한 순간들이었다. 청년소통TF 단장이라는 직책 덕분에 대한민국 최고의 지식인들과 고위 공무원들에게 직접 보고를 받으면서 국정과제를 만드는 경험을 할 수 있었다. 그런 과정을 거치고서야 비로소 국정이 어떻게 돌아가는지 어느 정도 짐작할 수 있게 됐다. 그동안 말로만 떠들고 싸우는 정치를 하던 내가 국정에 반영되는 정책을 책임지고 실행하게 된 것이다. 그렇기에 대통령직인수위에서 일한 2달의 시간을 내 인생에서 가장 값진 공부의 시간으로 평가할 수밖에 없다.

결과는 기대 이상이었다. 역대 최초로 청년 정책이 상위 20대 국정과제에 포함이 된 것은 역사에 남을 기록적인 성과다. 보통 청년 카테고리는 100대 국정과제에 겨우 포함되거나 아예 못 들어가는 경우가 허다했다. 다른 국정과제에 밀리고 또 밀리기 일쑤였던 것이 바로 청년 국정과제였다. 그러나 윤석열 정부의 대통령직인수위에서는 최고위급인 상위 20대 국정과제에 포함되며 최초의 기록을 세운 것이다. 당연히 청년 관련 예산과 정책도 이전보다 훨씬 많이 반영될 수 있었다. 당장 화제에 오르는 일은 아니지만, 영원히 역사에 남을 감격스러운 성과였다.

청년정책을 총괄하는 국무조정실 산하 청년정책조정실의 예산과 권한도 확대할 수 있었다. 대통령직인수위는 청년 정책 활성화를 위해 국무총리 산하 조직인 청년정책조정실 예산을 545억 원으로 대폭 늘리겠다고 밝혔다.

"청년정책조정실 예산을 기존 41억에서 545억 원으로 13배 이상 대폭 늘리도록 노력했다. 조직의 기능을 세부적으로 면밀하게 강화해 청년 정책을 조율하는 컨트롤타워의 역할을 제대로 할 수 있도록 할 것이다."

또한 청년소통TF는 주 1회에서 2회에 걸쳐 필요한 모든 분야의 시민과 청년들을 직접 만나 애로사항과 정책제안을 청취하기로 했다. '책상이 아닌 현장에서'라는 슬로건 아래 전국을 아우르는 간담회를 수시로 개최하기로 했다. '국민이 당선인에 바란다'라는 게시판에 올라온 국민 정책제안을 검토하고, 우수사례에 대해서는 각 분과 청년 실무위원들이 전문위원과 소통하며 적정성과 이행 가능성을 심도 있게 논의했다. 숨 돌릴 틈도 없이 바쁜 일정의 연속이었다. 그러나 책상보다 현장을 중시하는 윤석열 대통령의 의지를 받들어야 하기에 잠시도 여유를 부릴 수 없었다.

더 나아가 청년소통TF는 인수위에서 선정한 국민께 드리는 약속 20개 중에서 청년과 관련이 있는 17번째 약속(국정과제 3개)을 포함시켰다. 3개의 국정과제는 △청년의 꿈을 이루는 희망의 사다리 △청년에게 공정한 도약의 기회를 보장 △청년에게 참여의 장을 대폭 확대 등이다. 청년 취업지원 혁신·취약청년 출발지원·청년정책 전달체계 인프라 정비 등 총 11개의 세부과제도 구체적으로 적시됐다.

다시 돌아봐도 역대 어느 정부보다 청년을 국정과제에 중요하게 기록한 대통령직인수위라는 생각이 든다. 상위 20대 국정과제 포함, 청년들이 직접 국정과제를 선정하고 주 1회 기자회견으로 발표하며 청년 정책 예산 대폭 증액을 이끄는 등 모든 부분에 있어 역대 정부 최초 내지는 최대라는 기록을 세웠다. 각 부처에 흩어져 일관성 없는 청년 정책을 국정과제라는 이름 아래 하나로 묶어 정책 효용성을 높인 것도 평가받아야 마땅하다. 취약청년을 대상으로 한 '청년도약준비금'과 같은 전례 없는 청년정책과 함께 청년의 국정 참여 확대를 위한 제도적 인프라 보강 등의 내용도 치밀한 검토 과정을 거쳐 세부과제로 포함됐다.

국정과제는 대통령직인수위가 끝나고 나면 언론도, 국민들도 크게 관심을 가지지 않는다. 하지만 공무원들은 알다시피 책임지는 것을 극도로 기피한다. 아무리 유능해도 새로운 사업과 정책을 추진하는 것을 본능적으로 회피하는 것이다. 그럴 때 국정과제는 공무원을 움직이는 알리바이 역할을 한다. 국정과제에 포함됐다고 하면 공무원들이 예산을 책정하고, 정책을 실행할 동력이 생기기 때문이다. 그런 의미에서 상위 20대 국정과제와 각종 세부과제에 청년정책을 포함시킨 청년소통TF의 성과는 시간이 갈수록 역사의 인정을 받을 것이라 자부하고 있다.

3.

정치권에서 늘 청년을 호출하고 정치참여를 부추기지만, 정작 행정부의 정책 추진 과정에서는 청년의 공간이 존재하지 않았다. 나는 대통령직인수위의 단장을 맡은 기회를 놓치지 않기로 결심했다. 이번 기회를 통해 청년 정책 인프라의 기틀을 세우기 위한 초석을 제대로 다지려는 것이다.

그 결과가 바로 청년보좌역 제도의 설치다. 대선 캠페인 때 톡톡히 효과를 본 청년보좌역 제도를 각 부처로 확대해서 적용하자는 아이디어를 냈다. 우선 청년 관련 과가 존재하는 9개 부처를 대상으로 삼았고, 이후 20개가 넘는 장관급 부처에 모두 청년보좌역을 선발하게 만들었다.

6급에 해당하는 청년보좌역은 장관 비서실 직속으로 일하게 된다. 단순히 청년을 한 명 더 뽑고 마는 제도가 아니다. 나도 중소벤처기업부 장관 정책 자문위원으로 일하고 있지만, 대부분 대학교수나 변호사처럼 사회에서 성공한 어른들이 역할을 맡는다.

그렇기에 평범한 대학생을 비롯한 2030들이 부처의 정책에 대해 목소리를 내는 청년자문단을 만들고, 청년보좌역이 그들과 함께 호흡하며 생생한 의견을 장관에게 직접 전달하도록 만드는 것이 이 제도의 취지라고 할 수 있다.

우선 청년보좌역을 선발하는 과정부터 공정을 최우선 가치로 뒀다. 공개 모집과 면접을 통해 자격요건을 갖춘 청년이라면 누구든 도전할 수 있게 했고, 오직 실력과 가능성이 선발 기준이었다. 다행히 현재 20개가 넘는 장관급 부처에 청년보좌역이 활동하고 있지만, 어느 곳에서도 선발 과정의 잡음이 일어나지 않았다. 적어도 청년과 관련된 인사 제도이기 때문에 처음부터 끝까지 공정, 또 공정을 추구한 결과라고 믿는다.

물론 아쉬운 부분도 없지 않다. 2030 청년자문단과 청년보좌역의 의견을 부처 장관들이 얼마나 전폭적으로 수용하는지 각각 민감도가 다르다. 윤석열 정부에서 처음 시도된 제도이기 때문에 아직은 시행착오를 거치며 안착하는 중이다. 사실 고용노동부에도 2030 청년자문단과 청년보좌역이 있다. 만약 그들에게 먼저 의견을 구하고 물어봤다면 몇 달 넘게 당정을 힘들게 만든 주 69시간 제도 같은 엉성한 메시지는 나오지 않았을 것이다.

앞으로 청년보좌역 제도가 자리를 잘 잡고, 다음 정부에서도 국정 운영에 청년들을 참여하게 만드는 요인이 된다면 그 뿌듯함은 이루 말할 수 없을 것 같다. 대선 과정에서 청년들이 윤석열 대통령에게 자유롭게 의견을 개진하고, 때로는 과감하고 파격적인 의견이 흔쾌히 수용됐던 것처럼 각 부처의 청년보좌역도 더 큰 용기를 내기 바란다. 당연히 부처의 장관들도 더 열린 마음을 가지고 청년보좌역과 청년자문단의 말에 귀를 기울여야 한다.

부산 청년 현장간담회

언론이 주목하지 않을 뿐, 각 부처에 씨앗처럼 뿌린 청년보좌역과 청년자문단들이 국정 운영에 참여한 경험을 바탕으로 무럭무럭 자라나고 있다. 이들 역시 5년 뒤, 10년 뒤를 바라보고 인재를 키우는 윤석열 대통령의 철학 덕분에 큰 기회를 얻게 된 셈이다. 언젠가 그들이 꼭 정치권뿐 아니라 사회 곳곳에서 활약하는 모습을 보게 된다면, 마음속으로 '인수위 때 청년보좌역 제도를 만들기를 참 잘했다'라고 혼자 조용히 축배를 들 것이다.

4.

대통령직인수위에서 꼭 한 가지 강조하고 싶은 정책이 있다. 이런 일을 했다고 자랑하기 위함이 아니라 우리 사회의 지속적인 관심이 필요한 분야이기 때문이다. 바로 고립 은둔 청년 문제다. 일본에서는 '히키코모리'라는 용어로 통용되는 고립 은둔 청년은 심각한 사회적 문제로 대두되었다. 온 일본 사회가 대책을 마련하기 위해 노력하고 있을 정도다. 그런데 마냥 일본의 문제가 아니었다. 오직 집에서만 머물며 밖으로 한 발짝도 나오지 않는 청년들이 우리나라에도 35만을 넘어 50만에 육박하고 있는 게 엄연한 사실이다. 그럼에도 불구하고 정부, 언론, 시민사회 어디서도 고립 은둔 청년 문제를 제대로 직시하지 않고 있었다.

청년소통TF 단장으로서 첫 번째 기자회견에서 이 문제를 언급했다. 5년 동안 고립 은둔 생활을 했지만, 자립 과정을 거치고 이제는 다른 청년들을 지원하는 '안 무서운 회사'의 유승규 대표를 찾아내 기자회견장으로 불러냈다. 고립 은둔 청년 문제가 얼마나 심각한지, 이대로 놔두면 일본 이상으로 대한민국의 성장력을 저해하는 요소가 될 것인지 똑똑히 알리고 싶었다. 동시에 윤석열 정부는 남들이 주목하지 않은 소외된 청년들에게도 관심을 가진다는 사실을 보여주고 싶었다.

서울 종로구 통의동의 대통령직인수위 사무실에서 기자회견을 열었을 때가 떠오른다. 내가 유승규 대표와 나란히 선 순간, 많은 기자들이 의아한 눈길을 보냈다. 대체 무슨 내용을 발표할지 감을 잡지 못하는 모습이었다. '현재 중앙정부 차원의 고립 은둔 청년 지원 정책이 없다, 윤석열 정부는 약자와 동행하며 그 어떤 청년도 소외되지 않도록 할 것'이라고 발표하자 그제야 기자들이 눈을 빛내며 관심을 가지는 게 느껴졌다. 당시만 해도 대부분의 청년 정책이 구직활동을 하는 청년에게 집중돼 있고, 구직활동 자체를 포기한 소위 니트족 청년 문제는 방치됐다는 사실을 설명했다.

전문가들은 청년들의 고립으로 인한 사회비용이 연간 5천억 원 이상으로 추산된다고 연구 결과를 내놓았다. 코로나 19의 후폭풍 등 다양한 요인 때문에 사회적으로 고립된 청년이 계속 증가할 것이 분명했다. 그러나 이전 정부에서 신설한 청와대 청년비서관실을 포함해 복지부든 어디든 고립 은둔 청년 대책은 단 하나도 만들지 않았다. 우리가 대책을 만들지 않으면 10년, 20년 뒤에는 재앙이 될 것 같았다. 그렇기에 고립 은둔 청년들을 위해 청년도약준비금을 바우처 형식으로 지급하고, 지자체에 난립해 있는 청년 공간을 하나로 통합해 관리하겠다고 밝혔다. 또 청년 정책 종합지원 플랫폼을 구축해 고립 은둔 청년들이 손쉽게 정부의 지원 정책을 알아보고 혜택을 받을 수 있게 하겠다는 청사진을 제시했다.

인수위 청년소통TF "尹정부서 소외 청년 없도록 정책 설계할 것"

입력 2022.04.06. 오후 3:58 · 수정 2022.04.06. 오후 3:59

김유승 기자 · 권구용 기자

공감 댓글 가가

TF, 탈은둔 청년 목소리 청취…청년정책종합플랫폼·청년도약준비금 구상

장예찬 대통령 당선인 청년보좌역이 6일 서울 종로구 통의동 제20대 대통령직인수위원회에서 청년소통TF 활동 관련

고립은둔 청년과 함께 기자회견

넘어서야 할 현실적 장벽이 만만치 않았지만, 그렇다고 포기할 수 없는 일이었다. 법적 근거나 공인된 조사도 없는 상황이라

고립 은둔 청년을 규정하는 일부터 시작해야 했다. 우선 국정과제에 반영하고 이후 범정부 차원의 조사로 기틀을 확립해 나갈 계획을 세웠다. 정책을 추진할 때 가장 민감한 문제인 예산에 대해서도 가이드라인을 만들었다. 우선 1만 명 정도가 먼저 참여한다고 볼 때 추산한 1차 예산은 400억 원이다. 선제적으로 8개월의 청년도약준비금 바우처를 지급해 사회 활동을 돕는데 들어가는 금액을 계산한 결과였다.

현장 방문부터 전문가들과 머리를 맞대고 구체적인 정책과 예산을 짜기까지 힘든 고비가 적지 않았다. 그러나 덕분에 윤석열 정부에서는 고립 은둔 청년 정책이 발표되고, 중앙정부가 직접 실행에 나서고 있다.

놀랍게도 대한민국 역사상 중앙정부가 고립 은둔 청년 정책을 발표한 첫 번째 사례가 청년소통TF의 대통령직인수위 기자회견이었다. 정작 당사자인 나도 미처 몰랐던 사실인데, 어쩌다 보니 내가 대한민국 1호로 고립 은둔 청년 정책을 언급한 셈이다. 이전에 서울과 광주 등 지방자치단체 단위에서는 조례 제정을 했지만, 중앙정부 차원의 대책은커녕 언급도 존재하지 않았다.

언젠가 내가 정치를 하는 시간이 끝나도 고립 은둔 청년 정책을 처음 발표하고 수립했다는 사실은 두고두고 남을 것이다. 그로 인해 마음의 문을 닫은 청년이 사회로 나올 수 있다면, 그것만으로도 정치하기를 잘했다고 생각하며 살아가게 될 것 같다.

5.

청년소통TF 단장이라고 해서 청년 문제만 다뤘던 것은 아니다. 자영업자의 손실보상 사각지대 대책 마련에도 나섰고, 비대면 진료 문제에도 뛰어들었다. 단순히 직접적인 청년 정책뿐만이 아니라 청년의 시각으로 사회 문제를 바라보고 해결하는 것이 내게 주어진 임무라고 생각했다.

당시 문재인 정부의 중소벤처기업부는 자영업자와 소상공인들에게 지급한 코로나 재난지원금을 환수하겠다고 밝혔다. 일부 계산 착오로 과다 지급된 부분을 문제 삼은 것이다. 그러나 자영업자 입장에서는 다 죽게 생긴 상황에서 겨우 지원금으로 밀린 월세를 내고, 직원들 월급을 줬는데 돌려줄 돈이 남아 있을 리 만무했다. 문재인 정부의 중소벤처기업부가 밀어붙이는 일이지만,

대선이 끝나고 인수위가 활동하고 있었기 때문에 욕은 우리가 먹을 것 같았다.

그대로 두고 볼 수 없어 김포의 키즈카페를 방문했다. 책상머리에 앉아있는 게 아니라 현장을 찾아가 생생한 민심을 듣는 게 청년소통TF의 행동 방침이었다. 윤석열 대통령도 참모들에게 가급적 현장을 많이 방문하라는 지침을 내렸다. 현장에서 확인한 자영업자와 소상공인 민심은 싸늘하다 못해 폭발 직전이었다. 결국 정치적 부담을 지더라도 자영업자 편에 서겠다고 결심했다. 보도자료를 배포해 중소벤처기업부의 일방적인 지원금 환급 방침을 비판하고 대안을 요구한 것이다.

당장 중소벤처기업부 공무원이 나를 찾아왔다. 대통령직인수위에서 정면으로 부처를 비판한 사건이기 때문이다. 이런저런 설명을 들었지만 납득할 수 없었다. 계산은 부처가 잘못해놓고 왜 자영업자들에게 책임을 전가하는 것일까. 임기가 끝나가는 정부와 새롭게 들어선 정부의 힘겨루기 결과는 정해져 있다. 그리고 우리에게는 자영업자와 소상공인을 돕는다는 대의명분도 있었다. 이후 중소벤처기업부는 재난지원금 계산 방식을 바꾸고, 과다 지급된 금액도 환수하는 게 아니라 다음 지원금 등에서 차감하기로 했다. 비록 아무도 알아주지 않았지만 수십만 자영업자들의 어려운 사정을 청년소통TF가 지켜준 것이다.

비대면 진료 문제는 반발이 더 컸다. 담당 부처인 보건복지부도 난리가 났고, 이해당사자인 약사협회가 들고 일어섰다. 하지만 의료 문제로 접근하지 않았다. 청년 스타트업 문제로 바라봤고, OECD의 절대다수 국가와 G7에서 실시하는 비대면 진료를 IT 선진국인 대한민국에서만 못 한다는 사실을 이해할 수 없었다.

좌고우면하지 않고 과감하게 밀어붙였다. 처음에는 대통령직 인수위 기조분과 간사를 맡은 추경호 경제부총리도 우려를 표했다. 그러나 뚝심 있게 설득한 결과 허락을 받아냈다. 이 문제를 전향적으로 바라본 인수위원 박수영 의원과 함께 비대면 진료 업체를 방문했고, 합법도 불법도 아닌 이상한 상황을 개선해야 한다는 공감대를 이뤘다.

규제 개혁을 말로만 외치는 게 아니라 행동으로 보여줘야 한다. 결과적으로 비대면 진료 합법화는 윤석열 정부 국정과제에 당당히 포함됐다. 현재는 시범사업이 진행 중이고, 의료계와 업계의 목소리를 들으며 사업 범위를 세부 조정하는 과정을 거치는 단계다. 만약 청년소통TF가 보건복지부나 이해단체, 협회의 위세에 눌려 움직이지 않았다면 이만큼의 변화도 일어나지 않았을 것이다.

6.

국가의 정책 과제를 결정하는 대통령직인수위에서 청년소통TF가 마음껏 활개 치고 일할 수 있었던 배경에는 추경호 경제부총리의 전폭적인 지원이 있었다. 인수위에서는 기조분과가 각 분과의 국정과제를 최종 정리하는 작업을 한다. 실질적인 컨트롤타워인 셈이다. 다양한 분과에서 국정과제를 만들어도 기조분과의 문턱을 넘지 못하면 정식으로 확정이 안 된다. 그만큼 기조분과의 권한은 막강할 수밖에 없었다.

그런데 나는 항상 모든 보고를 추경호 기조분과 간사에게 직접 할 수 있었다. 중간 단계를 거치지 않고 청년소통TF의 아이디어를 곧바로 전한 것이다. 만약 보고 과정에서 공무원들의 손을 거쳤다면 어떻게 됐을까. 이건 이래서 안 되고, 저건 저래서 안 된다는 교정을 받아 밋밋한 아이디어만 남았을지도 모른다. 그러나 의사결정권자인 추경호 간사와 직통할 수 있었기에 청년들의 아이디어가 대폭 수용될 수 있었다.

대한민국 공무원들은 최고로 유능한 엘리트 집단이다. 그렇지만 직업의 특성 때문에 새로운 정책이나 변화에 있어 결과를 책임지는 것을 부담스러워한다. 이때 정치인이 역할을 할 수밖에 없다. 정치인은 과감한 개혁을 추진하며 기꺼이 책임을 지겠다고 나설 용기를 가져야 한다. 그렇게 해야만 나라가 정체되지 않고 더 나은 방향으로 바뀔 수 있다. 대통령직인수위에서 좌충우돌 여러 프로젝트를 성사시키며 정치인의 책임감을 느꼈다. 정책을 추진할 수 있는 권력이 클수록 더 무거운 책임감을 느껴야 한다는 것, 그러나 대한민국을 위하는 정책이라는 확신이 들었다면 책임을 두려워하지 않고 직진해야 한다는 것이다.

나아가 기업이나 정부 부처에서 청년들에게 새로운 아이디어를 원할 때 어떻게 조직을 운영해야 하는지 노하우도 얻게 됐다. 내가 추경호 기조분과 간사에게 직접 보고했던 것처럼 중간 과정을 생략하는 게 정답이다. 기껏 청년들을 모아서 아이디어를 내게 하고, 다음 순서로 차장님과 부장님 결재를 거치면 어느새 평범한 아이디어만 남게 된다. 적어도 청년들의 생생한 의견을 의사결정권자에게 직통으로 보고하게 하면 훨씬 창의적인 결과가 나올 것이다. 물론 모든 아이디어를 다 받아들이라는 뜻은 아니다. 실행하고 말고는 의사결정권자의 결정이고 책임이다. 다만 틀에 박힌 아이디어만 올라온다고 청년들을 탓하기 전에 보고 체계가 지나

치게 복잡하지 않은지 돌아보는 게 어떨까.

겨우 2달에 불과한 시간이었지만, 대통령직인수위에서 경험하고 배운 게 몇 년 치는 되는 것 같다. 정치에 참여하고 가장 뿌듯한 순간들도 대통령직인수위에서 경험했다. 매번 민주당과 정쟁에 앞장서고, 주특기인 말싸움으로 정무적인 일만 하다가 국정과제를 만들면서 정책의 영역에 푹 빠졌기 때문이다. 언론의 주목을 받는 청년정치인들의 대표적인 약점이 정책 경험 부족이다. 실제 정책을 만들고 집행하는 과정에서 어떤 일이 발생하는지 경험해야 제대로 된 대안을 제시하고, 정교하게 미래를 설계할 수 있다. 그런 점에서 대통령직인수위에서 일할 수 있었던 것은 내게 큰 자산이자 축복이 됐다. 이 축복을 나 혼자 누릴 수는 없다. 반드시 정권 재창출에 성공해 다음에는 더 많은 청년들을 대통령직인수위에 참여시킬 것이다. 윤석열 정부에서 시작된 젊은 인수위의 전통이 다음 정부에서, 그 다음 정부에서도 꾸준히 이어지기를 바랄 따름이다.

9

청년재단이 뭐 하는 곳이야?

청년재단 입구에서

–

9. 청년재단이 뭐 하는 곳이야?

1.

오늘을 살아가는 2030 청년들을 언론에서는 이른바 MZ세대라고 부른다. 1980년대 초부터 1990년대 중반까지 출생한 밀레니얼 세대, 그리고 1990년대 중반부터 2000년대 초반에 출생한 Z세대를 아우르는 말이다. 하지만 정작 다수의 2030은 MZ세대라는 용어를 거부하고, 언론의 무리한 세대 해석에 싸늘한 냉소를 보내고 있다.

우선 1980년대에 출생한 밀레니얼의 윗세대와 2000년대 초반에 태어난 Z세대의 막내는 거의 20살 차이가 난다. 20년이면 문화적 배경과 성장기의 경제 환경 등 모든 게 다를 수밖에 없다. 그토록 차이가 큰 세대를 MZ라는 단어 하나로 묶어 해석을 시도하니 거부감을 느끼는 게 당연하다.

뿐만 아니라 일부 기사에서는 MZ세대의 사치가 문제라며 호캉스, 오마카세, 명품을 좋아한다고 질타한다. 반대로 다른 기사에서는 요즘 MZ세대들이 지출 줄이기 챌린지, 0원으로 살기 챌린지를 시도하며 고물가 시대를 버티기 위해 그 옛날 자린고비 못지않게 절약하는 모습을 묘사한다. 도대체 MZ세대란 무엇이고, 어떤 세대인지 오락가락 알 수가 없다.

하지만 굳이 세대를 구분해 이런저런 정의를 내리고 분석하겠다는 욕심에서 벗어나 보면 지금의 2030에게 분명한 공통점이 있다. 유행하는 패션, 사춘기 때 즐겨 들었던 노래, 이들이 성인이 됐을 때의 금리와 국제 경제 등 모든 게 다르지만 하나만은 똑같다. 바로 부모세대보다 못사는 최초의 세대라는 사실이다.

기존의 3포 세대는 연애, 결혼, 출산을 포기했다는 뜻이었다. 거기서 더 나아가 내 집 마련과 인간관계까지 포기한 5포 세대라는 용어가 등장했고, 마지막으로 꿈과 희망도 포기했다며 7포 세대라는 말까지 나오고 말았다. 3포든 5포든 7포든 중요한 것은

2030 청년세대에게 예전처럼 희망과 도전을 말하기 어려운 현실이라는 점이다.

대한민국의 국가적 위상과 브랜드 가치, 평균적인 생활 수준은 과거와 비교할 수 없이 발전했다. 그에 따라 청년들도 어느 때보다 높은 교육을 받고, 글로벌 인재가 되기에 충분한 역량을 갖추고 있다. 하지만 지난 정부 5년 내내 이어진 부동산 정책 실패로 수도권 아파트 가격은 대기권을 뚫고 폭등해 버렸다. 윤석열 정부에서 안정적 하향조정이 이뤄지고 있지만 5년의 부동산 광풍이 남긴 상처는 쉽게 회복되기 어렵다. 이로 인해 출산율은 정확히 반비례하며 급하락했다. 외국의 석학들은 대한민국이 인구 소멸 위기에 직면했다고 지적한다. 괴짜이기는 해도 세계적으로 인정받는 테슬라의 CEO 일론 머스크도 인구 소멸 위기 국가로 대한민국을 언급할 지경이다. 부모보다 더 나은 삶을 살 수 없다는 냉엄한 현실은 청년들의 도전 정신을 위축시키고, 무분별한 가상화폐 투자 같은 한탕주의 내지는 미래보다 현재에 집중하는 YOLO(You Only Live Once)주의를 대세로 만들었다.

대체 어쩌다 이렇게 된 것일까. 그렇다고 청년들에게 결혼을 해라, 아이를 낳아라, 아무리 강요해봤자 소용이 없는 일이다. 저출산대책으로 천문학적 규모의 세금을 퍼부어도 무릎을 치게 만드는 획기적인 해결책은 보이지 않는다. 그렇다면 다시 처음으로 돌아가 본질적인 질문을 던져야 할 때다. 국가와 사회가 청년들에게 결혼과 출산을 윽박지르듯 강요하지 않고, 먼저 이렇게 물어보면 좋겠다. "행복하니?"라고 말이다.

청년들이 행복하지 않으면 결혼 이전에 연애를 시도할 엄두도 내지 못한다. 그다음 순서가 결혼, 출산으로 이어지는 것이다. MZ 세대니 뭐니 온갖 분석에 시달리는 요즘 청년들은 행복하지 않다. 예전보다 사회의 다양성이 극도로 높아진 만큼, 전에 없던 온갖 문제들이 청년들을 괴롭히고 있다. 대한민국이 선진국 반열에 진입해 예전처럼 고성장을 할 수 없어 부모보다 못사는 세대가 된다고 해도 행복한 미래를 꿈꿀 수 있게 도와줘야 한다.

청년들의 행복에 투자하는 것은 결코 선심성 예산 낭비가 아니다. 그동안 청년 정책은 취업에 초점이 맞춰져 있었다. 보수·진보 정부를 막론하고 어떻게 하면 청년 실업률을 낮추고, 고용률을 높이느냐가 청년 정책의 99%를 차지했다. 이제 패러다임의 전환이 필요하다. 청년들을 행복하게 만드는 것, 그것이 정부의 청년 정책 목표가 된다면 시간이 걸려도 차츰 결혼율과 출산율의 문제도 해결할 수 있다고 믿는다. 당연히 취업 알선을 넘어 청년들이 겪는 다양한 문제에 대한 맞춤형 지원 정책이 더 많아져야 한다.

그러나 우리나라의 청년 정책 지원 체계는 초기 단계에 머물러있다. 대통령직인수위에서 새로운 시도를 많이 하고, 청년 국정과제를 대폭 반영시켰지만 겨우 첫걸음을 뗀 것이다. 정부와 함께 민간에서 청년들을 지원하는 기관도 늘어나야 한다. 현재의 사회문제를 청년의 시각에서 고찰하고, 청년들과 함께 실천적 해결방안을 모색하는 기관이 있을까. 다행히 대한민국에 딱 1곳, 그런 역할을 감당해온 단체가 있었다. 바로 청년재단이다.

청년재단은 2015년 박근혜 정부 주도로 미취업 청년들을 지원하기 위해 국민들과 기업의 성금을 받아 만든 비영리 공익재단이다. 그 당시에는 청년희망재단이라는 이름으로 출범했다. 박근혜 전 대통령도 직접 기부금을 냈고, 국민들의 관심이 집중된 덕에 1,400억이라는 적지 않은 기금으로 첫발을 내디딜 수 있었다.

초기 단계에서는 고용노동부 산하로 미취업 청년 일자리 지원에 집중했지만, 이후 재단명을 청년재단으로 바꾸면서 국무조정실 산하로 자리를 옮기게 됐다. 청년재단의 역할도 취업 지원 위주에서 청년들이 겪는 삶의 전반적 문제를 지원하는 방향으로 확대됐다. 청년들의 행복을 위한 사회적 노력이 절실하다고 느낄 때, 민간 영역에 촛불 하나처럼 청년재단이 외로이 그 일을 해오고 있는 것이다.

2.

영광스럽게도 대통령직인수위 청년소통TF 단장 경력을 바탕으로 여러 사람의 추천을 받아 청년재단 이사장 후보에 올랐다. 지나간 이야기지만, 청년재단 이사장 최종 후보가 두 사람으로 압축됐는데 내가 아닌 다른 한 명은 장미란 선수였다고 한다. 역도 영웅 장미란 선수는 다들 알다시피 문화체육관광부 차관이 되어 국민들의 박수를 받으며 활약하는 중이다. 이후 2022년 7월, 인사검증 과정을 거쳐 청년재단 이사장으로 취임하게 됐다. 주위의 과분한 추천과 배려 덕분이었다.

이사장이 됐다는 소식에 축하 인사가 쏟아졌다. 특히 재선 국회의원과 독일 대사를 역임한 전임 이사장에 비해 30살 이상 어린 역대 최연소 이사장이 됐기 때문이다. 막중한 책임을 느꼈지만, 동경과 시기 질투가 뒤섞인 시선들이 쏟아지고 있다는 사실도 잘 알고 있었다. 내가 취임했을 때 청년재단의 기금은 900억 넘게 남아있었다. 1,000억 대의 공익재단 운영을 35살짜리가 잘 해낼 수 있겠냐는 우려의 시선도 존재할 수밖에 없었다.

사실 축하를 받으면서 가장 많이 들었던 말이 있다. 놀랍게도 거의 모든 사람들이 비슷한 이야기를 했다. “축하해, 그런데 청년재단이 뭐 하는 곳이야?”라는 말을 100번도 넘게 들은 것 같다. 그만큼 청년재단의 존재 자체가 잘 알려지지 않았다는 뜻이다. 박근혜 정부에서 출범했을 때는 많은 기대를 받았지만, 문재인 정부 시절에는 청년재단을 철저하게 홀대하고 방치했다. 그러나 5년 동안도 청년재단은 우리 사회 곳곳에서 소외된 청년들을 위해 많은 일을 해내고 있었다. 그럼에도 불구하고 언론에 보도자료를 내는 일도 거의 없었고, 일부러 숨어지내는 사람처럼 활동을 비밀리에 한 것이다.

말도 안 되는 일이다. 예수님은 왼손이 오른손이 모르게 하라고 말씀하셨지만, 그것은 어디까지나 선행을 자랑하며 우쭐해지지 말라는 뜻이다. 선한 영향력을 행사하기 위해서는 좋은 일을 널리 알리고, 더 많은 기업과 사람들이 참여할 수 있게 동기를 만들어야 한다. 청년재단의 활동을 보고 받으며 직원들에게 “이렇게 좋은 일 많이 하면서 왜 홍보를 안 했어요?”라고 물어봤다. 그때마다 직원들은 말 못 할 사정이 있다는 듯 어색한 표정을 지었다.

나중에 알고 보니 철저히 정치적인 이유 때문이었다. 문재인 정부는 청년재단을 박근혜 정부의 유산이라 생각했다. 그렇기에 청년재단이 주목을 받는 것을 원하지 않았고, 수면 아래에 머물게 하면서 사람들의 관심 밖으로 밀어낸 것이다. 심지어 '재단의 기금을 빨리 다 쓰고 해체하는 게 목표다'라는 극단적인 발언을 들었던 경우도 있었다고 한다.

도저히 용납할 수 없는 일이다. 정치 논리가 공익을 압도해 청년재단을 질식 상태로 몰아가고 있었다. 청년 분야에서 빛과 소금처럼 성과를 내도 칭찬조차 받기 힘든 현실이니 직원들의 의욕도 떨어지는 게 당연했다. 박근혜 정부가 만들었든, 문재인 정부가 만들었든 대체 그게 무슨 상관일까. 우리 사회를 위해, 청년들의 행복을 위해 공익적인 역할을 한다면 힘을 주고 키우는 게 온당한 처사다. 새삼 대한민국에서 정치가 좋은 영향보다 나쁜 영향을 끼치는 경우가 더 많다고 느꼈다.

처음부터 새롭게 시작한다는 각오를 품었다. 대부분 '뭐 하는 곳이야?'라고 묻는 청년재단이지만, 무려 1,000억이 넘는 기금과 청년 분야에서 경력을 쌓은 베테랑 직원들이 남아있다. 그리고 나도 자신감이 있었다. 정부와 기업을 연결하며 청년재단의 활동 반경을 넓히고, 적극적인 언론 홍보로 위상을 높일 수 있다는 자신감. 비록 나이 어린 이사장이라고 해도 대선과 대통령직인수위를 거치며 쌓은 네트워크, 방송 언론과 부대끼며 경험한 미디어 홍보 전략은 둘째가라면 서럽다는 패기로 무장했다. 인생에서 처음으로, 그리고 어쩌면 마지막일지도 모를 기관장 자리에 올랐는데 시간만 때울 수는 없다. 내 이름을 걸고 모두가 인정할 수밖에 없는 성과를 내겠다고 다짐했다.

3.

가장 시급한 과제는 청년재단의 위상 강화였다. 소속 기관의 명성이 높아지면 직원들도 자부심을 느끼게 된다. 자연스레 지난 정부에서 당했던 일들을 잊고, 원래의 열정을 되찾을 거라고 판단했다. 우선 내가 정치권에서 윤석열 대통령 1호 참모로 통한다는 점을 활용할 수밖에 없었다. 정치인 출신 이사장으로서 제일 잘하는 것부터 하려는 것이다.

먼저 <국토교통부 x 스타트업 x 커피챗>을 유치하며 색다른 행사를 개최했다. 원희룡 국토교통부 장관이 격주에 한 번씩 청년재단을 방문해 스타트업과 세미나를 열게 된 것이다. 커피챗은 기업, 정부, 학계의 사람들이 모여 커피 한 잔을 마시며 부담 없이 정보를 얻고 교류하는 행사를 뜻한다. 원희룡 장관은 커피챗에 진심이었다. 고품질의 공간정보 구축, 공개제한 데이터 개방, 창업 기업 패키지 지원 등 다양한 스타트업 지원 정책이 커피챗을 통해 발표됐다. 아침 일찍 행사가 열려도 스타트업 관계자부터 인근 직장인, 관심 있는 청년들끼리 모여 청년재단 세미나실을 가득 채웠다.

무엇보다 윤석열 정부 1기 내각에서 가장 인지도 높은 원희룡 국토교통부 장관이 청년재단을 자주 찾는다는 게 중요했다. 커피챗 행사가 널리 알려질수록 공동주최를 맡은 청년재단의 위상도 높아졌다. 청계천에 위치한 청년재단 공간의 브랜드 파워도 덩달아 올라갔다. 유명하고 힘 있는 실세 장관이 격주마다 찾는 공간으로 인식됐기 때문이다.

이영 중소벤처기업부 장관의 청년 토크쇼도 청년재단의 주도로 진행됐다. 이영 장관은 저녁 시간 삼삼오오 모인 청년들 앞에서 중소벤처기업부가 청년친화적인 부처라는 점을 강조했다. 실제로 중소벤처기업부는 정책 결정 과정에서 주목받지 못했던 청년들의 참여를 대폭 확대하고, 청년들의 목소리를 정책에 반영하기 위해 청년분과 정책자문단을 운영해 왔다. 그리고 청년 창업을 통한 청년 일자리 창출을 뒷받침하겠다는 포부도 밝혔다.

부처 장관의 정책 메시지가 청년재단에서 나오는 일이 늘어났다. 다양한 행사를 개최하며 여러 명사들이 청년재단을 자주 찾게 됐다. 지난 정부에서는 청년재단 공간에 장관이 온다는 것을 상상할 수 없었다. 그러나 이제는 더 이상 신기한 일이 아니게 됐다. 국회에서 개최하는 세미나도 활발하게 진행됐다. 소외된 청년을 돕기 위한 정책 세미나와 토론회를 국회의원들과 함께 공동 주최하며 입법 과정에도 참여했다. 의원회관에서 행사를 열면 10명 가까운 국회의원들이 찾아와 축사를 하는 일도 일어났다. 내가 가진 정치적 역량을 최대한 발휘해 청년재단에 쏟아부은 결과였다. 직원들은 이런 경우는 처음이라고 하면서 뿌듯함을 느꼈다. 예전과 달리 행사를 하고 나면 주요 언론에서 기사도 많이 나오게 됐다. 사회로부터 칭찬을 받는 분위기가 이어지니 직원들도 능동적으로 일을 하려는 게 눈에 띄었다.

청년재단을 향해 먼저 러브콜을 보내는 기관도 대폭 늘어났다. 각 지자체의 청년 담당자들이 앞다퉈 청년재단을 찾아왔다. 부산을 비롯해 충북, 인천 등 주요 광역자치단체와 MOU를 맺으며 지방의 청년센터 활성화에 중추적인 역할을 담당하게 됐다. 개인적으로는 반기문 UN 사무총장의 '보다 나은 미래를 위한 반기문 재단'과 MOU를 맺을 때 감회가 남달랐다. 불과 5년 전 반기문 총장 캠프의 막내였는데 그 사이 공익재단 이사장이 되어 MOU를 맺게 된 것이다. MOU를 위해 만난 자리에서 반기문 총장은 TV를 통해 내 활약을 지켜보고 있다며 격려를 듬뿍 해줬다.

기업들의 기부 활성화를 위한 노력

이사장으로 업무를 할수록 청년재단 이사장이 된 게 내 인생에 가장 큰 행운이라는 생각이 들었다. 이렇게 큰 조직을 관리하는 게 처음이지만, 매 순간이 보람차고 행복했다. 성과가 바로바로 눈에 나타나니 더 신이 날 수밖에 없었다. 다양한 상황의 청년들을 지원하고, 청년재단 덕분에 힘을 얻었다는 피드백을 받을 때마다 짜릿한 전율이 올라왔다.

보육원에서 나온 자립준비청년을 지원하는 생태계를 구축하기 위해 대한의사협회, 변호사협회, LH 등 다수의 기관과 MOU를 맺고 원스톱 지원 체계를 만든 보람을 어떻게 다 표현할까. 대통령직인수위에서 시작한 고립 은둔 청년 지원 사업을 재개하고, 가족들까지 케어하는 프로그램을 마련했을 때 느낀 뿌듯함을 설명할 수 있을까. 농협중앙회와 손잡고 에그테크 스타트업을 지원하며 도전 정신 넘치는 청년들의 후원자 역할을 하게 됐을 때 받은 강렬한 인상을 무엇에 비교할까.

남을 도우며, 특히 나와 같은 청년들을 지원하며 성과를 낼 수 있었다는 것 자체로 청년재단 이사장으로서 충분한 보상을 다 받은 셈이다. 정치적으로 나를 공격하기 위해 혈안이 된 안티들은 청년재단 이사장 연봉이 2억이라는 둥 말도 안 되는 가짜뉴스를 퍼트렸지만, 사실은 정규 급여가 없는 비상근 명예직이었다. 그러나 급여보다 훨씬 값진 보상을 내내 받은 행복한 시간이었다.

4.

마침내 기념비적인 순간이 찾아왔다. 2023년 9월, 부산에서 열린 청년의날 행사에 윤석열 대통령과 김건희 여사가 방문한 것이다. 정부에서 공식적으로 주최하는 청년의날 행사가 지방에서 열린 것도 최초였고, 현직 대통령 부부가 부산까지 와서 참여하는 것도 모두 처음 있는 일이었다. 해운대 영화의 광장에 청년친화적 기업과 지자체 및 정부 부처와 스타트업의 홍보 부스가 차려졌고, K-POP 콘서트를 비롯한 다채로운 문화행사도 준비됐다.

내가 늘 사랑하고 그리워하는 고향 부산에서 청년의날 행사가 열렸기 때문에 더욱 신경을 쓸 수밖에 없었다. 그리고 윤석열 대통령의 참석은 청년의날 행사뿐 아니라 청년 정책에 대한 정부의 관심을 한 차원 높이는 일대 사건이었다. 특정 행사에 대통령을 모시는 게 얼마나 어려운 일인지 모른다. 그럼에도 윤석열 대통령은 청년들에게 지대한 관심을 보였고, 부산을 넘어 전국의 청년들을 응원하는 마음으로 청년의날에 직접 참여하게 된 것이다.

청년의날 행사에서 윤석열 대통령님, 김건희 여사님과 함께

청년의날의 공식 주최자인 청년재단은 역사에 남을 자랑스러운 순간을 맞이하게 됐다. 직원들을 이끌고 불철주야 고생한 박주희 사무총장은 청년재단을 대표해 대통령 훈장을 수여 받았다. 또 청년재단 홍보 부스에 윤석열 대통령과 김건희 여사가 직접 찾아와 설명을 듣고, 나와 함께 사진을 찍었다. 단순한 사진 한 장이 아니다. 윤석열 정부가 청년재단의 각종 활동에 전폭적 지지를 보낸다는 뜻이 담긴 증표라고 할 수 있다.

이렇듯 청년재단이 전성시대를 맞이하자 뜬금없는 일도 벌어졌다. 민주당 정치인들이 사사건건 시비를 걸기 시작했다. 다시 생각해도 염치없는 일이다. 문재인 정부 시절 철저히 청년재단을 방치했던 민주당이 뒤늦게 간섭할 자격이 있을까. 청년재단의 위상이 높아지고, 언론의 관심을 받게 된 것이 배가 아픈 모양이었다. 특히 내가 국민의힘 최고위원이 된 이후 각종 견제와 트집 잡기가 더 심해졌다. 정치적인 이유로 청년들을 위해 묵묵히 헌신하는 청년재단과 직원들을 못살게 구는 것이다.

다시금 정치의 해악에 대해 깊이 고민하게 됐다. 물론 정치는 우리 사회를 나은 방향으로 이끄는 나침반이 될 수도 있다. 하지만 비상식적인 이념이나 실리를 벗어난 판단으로 진영논리에 경도된다면 치명적인 해악이 된다. 청년재단의 기금을 다 써서 없애는 게 목표라던 민주당 출신 정치인들이 훼방을 놓는 꼴을 보면 정치를 혐오할 수밖에 없다. 그러나 내가 무너지면 어렵게 다시 세운 청년재단의 위상도 허물어지게 된다. 꿋꿋하게 버티며 민주당 국회의원들이 제기한 의혹이 사실이 아니라는 것을 증명해냈다.

지저분한 견제에도 아랑곳하지 않고 청년재단은 전국에 흩어진 200개 청년센터를 도와주는 중앙청년지원센터 사업자로 선정됐다. 공식적으로 전국 17개 시도의 크고 작은 청년센터를 지원하게 된 것이다. 동네마다 운영되는 청년센터는 환경이 천차만별이고, 종사자들도 각종 어려움을 겪고 있다. 그러나 이제는 청년재단이 중앙청년지원센터가 되어 현장에서 청년들을 만나는 종사자들에게 새로운 활력을 불어넣게 됐다. 각 지역 특색에 맞는 지역특화 청년사업 예산을 심사하고 지원하는 역할도 담당한다. 그야말로 대한민국 청년센터의 컨트롤 타워로 우뚝 서게 된 것이다.

몇 번을 말해도 부족하지 않을 정도로 청년재단 일을 하며 감사하고 행복했다. 1년이 넘는 기간 동안 내가, 아니 우리 청년재단이 함께 이룩한 성과를 돌아보면 지금도 자랑스럽기 그지없다. 적어도 정부 부처와 민간기업, 각종 사회단체와 언론에서 청년재단을 모르는 경우는 없어진 것 같다. 다음 이사장이 누가 되든 "청년재단이 뭐 하는 곳이야?"라는 질문을 받지는 않을 것이다.

마음 같아서는 3년의 임기를 다 채우고 싶었지만, 2023년 국정감사 직전에 이사장직에서 물러나기로 했다. 치열한 현실 정치에서 집중해야 할 역할이 생겼고, 뚜렷한 성과를 거둔 시점에서 박수칠 때 떠나고 싶었기 때문이다. 혹시라도 국정감사에서 민주당이 쓸데없는 정쟁으로 청년재단을 괴롭히지 못하게 하려는 의도도 있었다.

마지막 사퇴 결정까지 나로서는 최선이었기에, 아쉬움은 있어도 후회는 남지 않는다. 청년재단을 떠나는 날 직원들이 선물해준 감사패를 평생 간직할 것이다. 훗날 나의 정치적 성장 이상으로 청년재단의 역할도 더 커져 있기를 기대하며 소중한 추억의 한 페이지를 접었다.

10

이준석과 한판승부

이준석 비판 기자회견

10. 이준석과 한판승부

1.

윤석열 정부와 국민의힘은 정권 초기부터 어려움을 겪고 있었다. 지방선거에서 대승을 거뒀지만, 국회를 장악한 민주당은 다수 의석을 내세워 노골적인 대선 불복 행태를 보였다. 정부가 발의하는 법안을 가로막았고, 마치 이재명 정부인 것처럼 예산과 법안에서 행패를 부렸다. 문재인 정부 시절에는 외면했던 악법들을 막무가내로 밀어붙여 대통령의 재의요구권을 유도하는 정쟁도 일삼았다. 툭 하면 심심풀이 땅콩처럼 장관 탄핵을 입에 올리고, 심지어는 민주당 국회의원들이 대놓고 대통령 탄핵 집회에 나가 선동을 일삼는 일도 벌어졌다. 민노총 언론노조 중심으로 똘똘 뭉친 언론도 허니문 기간 없이 정부를 비판하는 일에만 열중이었다.

집권 여당인 국민의힘 내부도 하나로 뭉치지 못한 게 더 큰 문제였다. 외우내환이라고 했던가. 그 중심에는 이준석 전 대표가 버티고 있었다. 돌아보면 내부총질이라는 단어만큼 이준석과 잘 어울리는 말을 찾기도 힘들다. 상대를 가리지 않고, 심지어 국민들이 선출한 대통령을 향해서도 무차별적으로 증오와 분노의 말 폭탄을 던지는 통에 여당 꼴이 말이 아니게 됐다.

윤리위 중징계 이후로 이준석 전 대표는 자제력을 상실했고, 날이 가면 갈수록 위험 수위로 정부와 소속 정당을 저주했다. 국민의힘 국회의원들이 이준석과 맞상대를 하면 마치 어른이 청년을 핍박하는 것처럼 보였다. 그게 이준석이 정치적 체급을 올려온 방식이다. 자신보다 유명한 사람을 물고 늘어지며 청년이라는 혜택을 누려온 게 이준석 정치의 핵심이라고 강준만 교수도 지적한 바 있다. 심지어 대통령까지 그 대상으로 삼으려는 모습을 보면서 고민이 깊어졌다. 이준석보다 더 어린 사람, 그러면서 정치적으로 영향력이 있는 사람이 나서야만 사태를 해결할 수 있을 것 같았다.

주위를 돌아봐도 그 조건을 충족시키는 사람이 나밖에 없었다. 피곤한 싸움이 되겠지만, 얼마나 지저분한 반격이 가해질지 눈에 뻔히 보이지만 결단을 내렸다. 내가 해야만 하는 일이라면 어려운 싸움이라도 마다하지 않기로. 객관적인 정치적 체급으로는 당시의 내가 이준석을 상대하기에는 역부족이었다. 그러나 눈에는 눈, 이에는 이라는 말이 떠올랐다. 이준석이 윗선의 정치인들과 싸우며 체급을 키운 것처럼 나도 똑같이 할 수 있다고 생각했다.

다들 알다시피 이준석 전 대표의 이력은 화려하다. 27살의 나이에 박근혜 전 대통령에게 발탁되며 파격적으로 정치에 등장했다. 그다음부터는 관운이 따르지 않았지만 국민의힘 전당대회에서 30대 당 대표가 되며 전성기를 맞이한다. 하지만 너무 이른 당 대표 당선이 오히려 독이 되고 말았다. 그 이전에도 언행이나 태도와 관련해 이런저런 구설수가 있었지만, 당 대표 시절 보여준 무리한 행보는 상상하기 어려웠다.

그렇다면 무엇이 정치인 이준석을 변하게 만든 것일까. 정권 교체와 대선 승리를 향한 열망으로 국민의힘 당원과 국민들은 30대 당 대표라는 모험을 선택했다. 민주당에 대항할 수 있는 유일무이한 대선 주자였던 윤석열 대통령의 파트너로 이준석을 선택한 셈이다. 그런데 이준석 전 대표는 전당대회 돌풍을 온전히 자신에 대한 지지로 착각하며 달라지기 시작했다. 준비되지 않은 상태에서 너무 큰 권력을 잡는 게 얼마나 위험한 일인지 몸소 보여준 것이다.

물론 나와 개인적인 인연은 짧지 않다. 내가 시사평론가로 본격적인 방송 활동을 하기 전부터 아는 사이였고, 종편 현장에서 패널로 출연하며 교류가 있었다. 다만 분명히 할 것은 내가 2017년 TV에 데뷔하고, 2019년부터 일주일에 20개 가까이 방송을 하며 활발히 활동하는데 이준석 전 대표의 도움을 받은 적은 없다는 사실이다. 방송가에 드문 30대로 같이 묶였을 뿐, 나는 정치권의 연줄 없이 독자적인 길을 개척했다는데 나름의 자부심을 품고 있었다.

오히려 내가 윤석열 대통령의 1호 참모로 알려졌을 때 본의 아니게 도움을 주고 말았다. 국민의힘 전당대회가 막바지로 치닫고 있었고, 주호영 의원과 나경원 의원은 윤석열 대통령과의 개인적인 인연을 장점으로 내세웠다. 그런데 소위 빅3로 불리던 당 대표 후보 중 이준석만 윤석열 대통령과 접점이 없는 게 약점이었다.

그때 이준석 전 대표가 갑자기 언론 인터뷰에서 1호 참모인 장예찬과 호형호제하는 사이라서 직통으로 연결이 된다는 말을 했다. 갑자기 기사가 뜨는 것을 보며 당황할 수밖에 없었다. 물론 호형호제 자체가 틀린 말은 아니다. 형을 형이라 하고, 동생을 동생이라 부르는 게 당연한 일이기 때문이다. 하지만 마치 나를 통해 윤석열 대통령과 소통하는 것처럼 전당대회에서 활용한 정치적 노림수에 입맛이 개운하지 않았다.

윤석열 대통령의 정치 참여 이후에도 나와 이준석 전 대표 사이에는 묘한 충돌이 있었다. 이준석 전 대표는 버스가 떠나면 끝이라며 지속적으로 윤석열 대통령의 조기 입당을 압박했다. 그때 나는 윤석열이라는 인물은 버스가 아니라 택시를 타고도 목적지에 갈 수 있다고 반박했다. 중도와 제3지대를 충분히 포용한 후 입당하려는 계획이 있는데 무리하게 압박하지 말라는 뜻을 보인 것이다. 어찌 보면 이준석의 버스론 대 장예찬의 택시론이 맞붙었던 게 깊은 갈등의 시작이었는지도 모른다.

윤석열 대통령이 경선에서 승리하고 국민의힘 대선 후보가 됐을 때도 갈등은 계속됐다. 세간에 널리 알려진 연습문제 운운하는 태도나 2번의 가출이 전부가 아니다. 구구절절 숨겨진 이야기를 꺼낼 생각은 없지만, 청년 분야에서는 이준석 전 대표 측에서 노골적인 견제를 해왔다. 처음에는 아예 청년본부를 만들지 않으려고 했다. 청년이라는 글자가 들어가는 조직을 다 빼자는 것이다. 하지만 그렇게 하면 본인은 늘 주목을 받으니 괜찮을지 몰라도 대선에 헌신하기 위해 기다려온 청년 당원들의 설 자리가 없어진다. 결국 내가 직접 나서서 청년본부를 만들고 지켜냈다. 그러자 이번에는 나를 청년본부장에서 밀어내기 위한 회유와 압박도 대선 막바지까지 이어졌다.

2.

개인적인 인연은 윤석열 정부의 성공을 위한 대의명분 앞에서 걸림돌이 될 수 없었다. 앞서 판단한 것처럼 이준석 대 중진 국회의원, 이준석 대 대통령의 구도를 이준석 대 장예찬으로 만들 필요가 느껴졌다. 국민의힘 내부의 갈등을 청년 정치라는 무대로 끌고 내려와야 했다. 프레임을 전환하기 위해 나설 수 있는 사람은 내가 유일했다.

말은 쉬워도 막상 행동으로 옮기기에 간단한 일은 아니었다. 며칠을 고민하고 밤을 지새우며 기자회견문을 작성했다. 그리고

2022년 8월, 국회 소통관에서 이준석을 직격하는 메시지를 쏘아 올렸다.

우선 세간의 오해를 바로잡았다. 이준석이 했다고 알려진 캠페인 중 다른 청년 참모들이 기여한 것들을 하나씩 거론했다. 대선 막판 판도를 바꿨던 '여성가족부 폐지' 같은 페이스북 한 줄 공약이 대표적이었다. 마침 나는 청년본부장 자격으로 캠프의 청년 참모들 대다수와 소통했다. 언론이 주목한 청년보좌역들도 내가 선발하고 관리했다. 그렇기에 누가 정확히 어떤 역할을 했는지 비하인드 스토리를 100% 알고 있었다. 모든 공을 자신의 것으로 돌리지 말라는 내 지적이 이준석 전 대표에게는 상당히 뼈아프게 느껴질 수밖에 없었다. 기자회견이 끝나고 '그게 이준석이 한 일이 아니었어?'라고 놀라는 사람들의 반응도 줄을 이었다.

대선 내내 고생이란 고생은 다 하고도 기사에 이름 한번 못 나온 수많은 청년들이 있다는 사실도 강조했다. 이준석 전 대표나 나처럼 언론과 방송의 주목을 받는 사람은 그 자체로 충분한 보상을 받은 셈이다. 선당후사의 정신을 보여준 무명의 청년 당원들을 떠올리면 우리가 억울하다고 난리 칠 자격은 없다고 말했다. 나 자신보다, 상대인 이준석보다 이름 없는 청년들의 수고를 언급하기 위해 노력했다.

모 아니면 도라는 심정으로 기자회견을 마쳤는데 대박이 났다. 윤석열 대통령의 1호 참모로 연희동 회동을 알렸을 때보다 더 큰 관심이 쏟아졌다. 국민의힘 내부 갈등이 극에 달한 시점에서 청년 정치 세력이 갈라진 결정적 사건이었기 때문이다. 내게 행운 같은 호재도 찾아왔다. 이준석 전 대표가 직접 반발하며 반격에 나선 것이다. 사실 그때 당시의 정치적 체급을 생각하면 기자회견이 불쾌해도 무시하고 넘어가는 게 상책이었다. 그러나 본인의 성질을 참지 못하고 내 페이스북에 찾아와 비아냥거리는 댓글을 남기고 말았다. 덕분에 언론의 후속 보도가 이어지며 계속해서 이슈가 뜨겁게 달아올랐다.

전쟁이 시작됐다. 선전포고를 했으니 적당히 물러설 수 없었다. 윤리위에서 징계를 받았어도 이준석 전 대표는 막강한 영향력을 가진 사람이었다. 더구나 보수 진영 내부에서는 그 어떤 청년도 이준석과 맞서 싸우는 것을 상상하지 못했다. 워낙 어릴 때부터 각종 방송으로 인지도를 쌓았고, 비대위나 혁신위 등 당 지도부에서 활동했기 때문이다. 사석에는 이준석 정치를 비판하던 청년들도 공석이나 방송에서는 입도 벙긋 못했다.

그런 아성에 내가 처음 도전한 것이다. 이준석 전 대표의 인생에서도 최초로 어린 후배와 싸움이 붙은 일이었다. 항상 자기보다 나이가 많은 정치인들과 싸우다가 상황이 역전됐다. 강준만 교수가 칼럼에서 지적한 것처럼 도전자 위치일 때는 날카롭던 이준석이 처음으로 후배의 도전을 받는 입장이 되자 논리가 무너졌다. 대선 때 이준석 보고 표를 찍은 사람이 많은지, 아니면 장예찬 보고 표를 찍은 사람이 많은지 물어보자는 꼰대식 권위주의로 나온 것이다. 이준석 전 대표가 많이 당황했다는 게 느껴졌다.

그러자 이제는 이준석 전 대표를 추종하는 청년 정치인들이 나서서 집단 린치를 가하기 시작했다. 소위 새보수계라고 불리는 새로운보수당 출신 청년들과 토론 배틀로 당 대변인이 된 사람들이었다. 논리로 대응하는 게 아니라 인신공격을 감행하는 것을 보며 나도 회심의 일격을 날렸다. 그들을 여의도 2시 청년이라고 비판한 것이다. 색다른 규정에 언론은 엄청난 관심을 보였고, 여의도 2시 청년이라는 키워드는 공중파 뉴스에도 소개되며 화제로 떠올랐다.

여의도 2시 청년은 사회생활 경험 없이 정치권에 기웃거리는 때가 탄 청년들을 싸잡아 비판하는 표현이다. 이준석 전 대표처럼 20대 후반부터 정치권에서만 활동한 인물, 그런 이준석을 롤 모델로 삼는 청년들에게는 정곡을 찌르는 비수 같은 표현이었다. 그때 내가 페이스북에 올린 글은 아래와 같다.

여의도 2시 청년.

사회생활 경험 없이 정치권을 어슬렁거리는 청년들을 비하하는 말입니다.

그런데 정치 말고는 사회생활을 해본 적 없는, 다른 일로 돈을 벌어 세금 한 푼 내본 적 없는 일군의 청년 정치인들이 바로 '여의도 2시 청년' 입니다.

변호사라는 본업이 있는 경우를 제외하면 이준석 전 대표 편에 서는 청년들이 '여의도 2시 청년' 그 자체입니다.

이름도 처음 들어보는 나국대의 이대남 대변인들, 그리고 2년 만에 20억대 재산신고를 해 돈 걱정 없이 정치만 하면 되는 김용태 전 청년최고위원.

정치나 방송 말고 대체 무슨 사회생활을 했습니까?

평범한 청년들이 겪는 취업과 자립의 문제를 경험한 적 있습니까?

음악학원 운영부터 웹소설, 웹툰 창작 그리고 외국계 자동차 기업 홍보대행 등 정치와 방송 외적으로도 사회생활을 경험하며 세금 내온 제가 보기에는 '여의도 2시 청년' 집단의 SNS 정치가 우습기만 합니다.

우리 당을 위해 헌신한 수많은 청년들을 '여의도 2시 청년'이라 비난한 그 논리 그대로 여러분을 돌아보기 바랍니다.

이 글이 많은 사람들의 공감을 샀기 때문에 언론에서 비중 있게 다뤘다고 생각한다. 청년 정치의 문제와 한계를 직시했다는 평가도 받았다. 결과적으로 TV 뉴스와 온라인 기사는 이준석과 장예찬의 구도로 재편됐다. 프레임 전환에 성공한 것이다. 대통령과 대립각을 세우려던 이준석 전 대표를 청년 정치라는 틀에 묶고 붙잡아 만족스러웠다. 동시에 이준석이 선배들과 싸우며 체급을 올린 것처럼 내 정치적 체급도 급상승했다는 이야기를 기분 좋게 받아들였다.

3.

알려지지 않은 개인사를 하나 더 공개하자면 2022년 10월 용산 대통령실로 들어와 일하라는 제안을 받았었다. 청년재단 이사장에 취임한 지 얼마 안 됐고, 방송 활동으로 정부를 돕고 있었기 때문에 처음에는 거절할 수밖에 없었다. 그러나 홍보와 관련된 주요 보직을 맡아달라는 요청이 끊임없이 이어졌다. 더는 나의 판단으로 거절하기 어려운 상황이 됐고, 대통령실 내부적으로는 인사 검증과 관련 절차까지 마무리된 상황이었다. 30대 청년이 감당하기에는 과분한 직책이라 부담도 컸지만 모든 것을 불태울 각오를 했다.

하지만 마음에 짐처럼 느껴지는 게 하나 있었다. 차기 전당대회 분위기가 무르익는데 이준석 전 대표가 또 걸림돌이 될 것 같았다. 겨우 비대위 체제가 들어서 당정을 안정시켰는데 다시 대통령을 공격하는 지도부가 구성되면 어떻게 될까 걱정이 됐다. 적어도 청년 최고위원은 내가 책임지고 담당해야 할 것 같았다. 2022

이철규 의원님과 함께 전당대회 출마선언

년 10월에는 순천의 천하람 위원장이 이준석계를 대표해 청년 최고위원에 도전할 거라고 예상됐다. 냉정히 말하면 그 정도가 천하람 위원장의 체급에 걸맞은 일이다. 그러나 방송으로 인지도를 갖춘 천하람 위원장이 이준석의 지원사격을 받으면 청년 최고위원이 될지도 모른다는 생각이 들었다. 내가 아니라도 청년 최고위원이 될 수 있는 사람이 보이면 몰라도 상황이 그리 녹록지 않았다.

어려운 결단을 내려야 했다. 대통령실의 부름도 너무 감사한 일이지만, 전당대회에서 한 자리도 이준석 전 대표 측에 내줄 수 없다는 마음을 먹었다. 결심을 굳히고 마지막으로 정중하게 뜻을 밝혔다. 그리고 10월부터 전당대회를 준비하기 시작했다. 예상대로 이준석 전 대표는 천아용인이라는 아바타를 내세워 전당대회에 뛰어들었다. 언론은 필요 이상의 관심을 보이며 그들이 돌풍을 일으키는 것처럼 과대포장했다. 그러나 현장에서 느껴지는 당원들의 열기와 바람 덕분에 이준석계의 거품을 꺼트릴 수 있다고 확신했다.

전당대회 포스터

특별히 부산에서 열린 전당대회 대기실의 기억을 잊을 수 없다. 문을 열고 들어가니 이준석 전 대표와 천아용인 후보들이 먼저 앉아있었다. 굳이 피할 이유가 없기에 대기실에 같이 앉았다. 2022년 8월 기자회견으로 크게 한판 붙고 처음 만나는 자리였다. 그래서일까, 자연스레 신경전이 벌어졌다. 나는 살살 신경을 긁는 이준석 전 대표를 쳐다보며 호기롭게 장담했다. 이번 전당대회에서 내가 얻는 득표율이 천아용인 4명의 득표율을 합친 것보다 더 높을 거라고 말했다. 이준석 전 대표도 즉각 자신 있으면 녹음하자, 돈을 걸고 내기하자고 응수했다. 얼마를 걸어도 좋으니 녹음을 하라고 받아쳤는데 실제로 녹음까지 이어지지는 않았다. 그때 녹음을 해놓았으면 좋았을 텐데.

전당대회 대구경북에서 가장 뜨거웠던 반응

전당대회에서 나는 55.16%, 총 25만 36표를 득표했다. 전당대회에 출마한 모든 후보 중에서 최다 득표를 달성한 것이다. 그에 비해 천아용인 4명의 득표율을 합산하면 54.46%가 나왔다. 부산에서 우발적으로 벌어진 이준석 전 대표와의 내기에서 확실하게 승리한 셈이다.

최다 득표라는 결과를 얻기까지 결코 대충 선거운동을 하지 않았다. 처음부터 청년 최고위원 후보 중에서는 내 인지도가 높아 유리한 선거라는 분석이 지배적이었다. 그렇지만 인지도를 믿고 쉽게 선거를 치른다는 소리를 듣기 싫어 누구보다 열심히 전국을 돌아다녔다. 오죽하면 서산·태안이 지역구인 성일종 의원이 전당대회가 끝나고 이렇게 말할 정도였다.

"모든 후보들이 표가 많이 나오는 곳, 당원들이 많이 모이는 대도시 위주로 달려가는데 장예찬 최고위원만 유일하게 서산까지 방문한 후보였다."

그만큼 전국을 가리지 않고 돌아다니며 청년들과 당원들을 만났다. 발로 뛰는 선거가 무엇인지 제대로 체감했다. 생애 첫 선거가 전국 선거라 힘들기도 했지만, 그 과정에서 얻은 게 더 많다. 지지자 한 사람 한 사람의 소중함도 뼈에 사무치게 깨달을 수 있었다. 전국 당협을 돌아다니며 해당 지역의 판세나 주요 인물들을 알게 된 것도 크나큰 정치적 자산이 됐다.

연설 경험을 쌓은 것도 빼놓을 수 없다. 방송에서 이야기하는 것과 몇천 명의 당원들 앞에서 연설하는 것은 완전히 다른 차원의 일이었다. 현장 분위기를 느끼며 좌중을 압도해야 한다. 처음에는 다소 어색했지만 전국을 순회하며 연설을 할수록 그 순간을 진심으로 즐기게 됐다.

운동장을 가득 채운 몇천 명의 당원들이 함성을 지르고, 장예찬! 장예찬! 내 이름을 연호할 때 느낀 짜릿함은 이전에 한 번도 경험해보지 못한 종류의 감정이었다. 그때의 기억이 힘들 때 나를 지탱하는 원동력이 된다. 당원들과 지지자들에게 그토록 뜨거운 사랑을 받았는데 약해지면 안 된다고 채찍질을 할 수밖에 없었다. 전당대회 결과가 발표되는 날, 현장에서 뜨거운 눈물을 흘렸다. 정치를 끝내는 날까지 그 눈물을 잊지 않을 것이다.

전당대회 연설

11

일제 샴푸를 들고 나타난 최고위원

이재명 청담동 일제 샴푸

–

11. 일제 샴푸를 들고 나타난 최고위원

1.

최고위원이 되고 나서 첫 번째 목표는 확고부동했다. 전당대회 공약으로 약속했듯이 공중전을 확실하게 책임진다는 것이다. 청년 최고위원은 당 지도부의 막내라고 할 수 있다. 그렇지만 공중전, 즉 미디어 노출에서는 최고의 화력을 자랑해 당원들의 사기진작과 국민적 관심을 끌어 오겠다고 다짐했다. 이제는 정치도 재밌어야 한다. 그래야만 국민들이 관심을 가지고, 민생 정책을 알아보는 동시에 상대 정당의 잘못도 자연스레 느낄 수 있기 때문이다. 톡톡 튀는 활동으로 정치를 재밌게 만드는 최고위원, 누구보다 기사가 많이 나는 최고위원이 되고 싶었다.

보통 신문을 보면 당 대표나 원내대표의 발언만 기사로 인용이 된다. 특별한 일이 아니면 다른 국회의원의 메시지는 잘 다뤄지지 않는다. 최고위원회도 마찬가지다. 지도부인 최고위원이라 해도 정치적 중량감은 당 대표와 원내대표 아래다. 그렇기에 기사에 인용은 되어도 단독 기사를 만들거나 헤드라인을 장식하는 일은 거의 없다.

하지만 정치인이라면 누구나 관심을 갈구하기 마련이다. 원래 그렇다고 순응하는 것은 청년의 자세가 아니다. 나쁜 의미의 관심종자가 되어서는 곤란하지만, 언론과 국민의 관심을 끌지 못하면 선거에서도 100전 100패일 수밖에 없다. 국민들이 알아주지 않는다, 언론이 기사를 써주지 않는다, 이런 핑계도 냉정한 현실 정치 세계에서는 통하지 않는다. 알아주지 않으면 알게끔 노력해야 하고, 도저히 기사를 쓰지 않고는 못 견딜 이슈를 던져야 한다.

그런 측면에서 스스로 자부하자면 나는 역대 청년 최고위원 중 가장 많은 기사를 만들어냈을 것이다. 사실 최고위원회에 참석하면 엄숙하고 팽팽한 긴장감이 전운처럼 감돈다. 국정의 대소사를 결정하는 여당의 최고 지도부 회의이기 때문에 당연한 일이다. 하지만 나라도 조금 자유롭고 싶었다. 지도부의 막내라는 이점을 살려 체면 차리지 않고 소품이나 도구를 활용해 최고위원회에 활력을 불어넣으려 했다.

대표적인 사례가 김남국 의원의 코인논란이 벌어졌을 때의 일이다. 유튜브에서 동전 떨어지는 소리를 찾아내 최고위원회 현장에서 틀었다. 짜르르, 짜르르 동전 떨어지는 소리로 코인논란을 풍자한 것이다. 동시에 미리 준비한 판넬로 이재명 대표가 과거 했던 발언을 끄집어냈다. 이재명 대표는 과거 민주당 최고위에서 김남국 의원 돈 봉투 받는 소리가 들린다며 검찰의 수사를 비아냥거린 적이 있다. 그 발언을 차용해 김남국 의원 코인 받는 소리가 들린다고 바꿔준 것이다.

(쨍그랑 동전 소리 효과음)

"어디서 이상한 소리가 자꾸 들리는데 김남국 의원 코인 받는 소리 같은데?"

하루가 지나면 60억, 86억, 100억 이상으로 불어나는 김남국 의원의 코인 지갑 소리입니다. 이재명 대표는 지난 12월에 김남국 의원 돈봉투 받는 소리가 난다고 말했습니다. 역시 범죄전문가 이재명 대표의 선견지명은 탁월합니다.

작년부터 송영길 돈봉투 사건과 김남국 코인 게이트가 터질 것을 일타쌍피로 예언한 것입니다.

그런데 이재명 대표는 예언만 한 게 아닙니다. NFT 펀드로 대선 자금을 모으고, P2E 게임 활성화를 말하며 김남국 의원의 코인 시세 폭등에 적극적으로 기여했습니다.

이재명 대표에게 묻습니다.

알고 한 겁니까? 모르고 당한 겁니까?

알았다면 코인 게이트 공범이고, 몰랐다면 김남국 의원에게 당한 꼭두각시입니다. 일확천금 대신 땀 흘려 번 돈의 가치가 인정받는 사회, 윤석열 정부와 국민의힘이 만들겠습니다.

이재명과 김남국 코인소리 재생

위와 같은 최고위원회 발언은 먼저 기자들의 눈길을 끌었고, 국민들의 관심을 집중시켰다. 그냥 발언만 했다면 밋밋했을 것이다. 그러나 동전 소리를 준비해서 재생한 게 흥미를 유발시키는 요소였다. 덕분에 주요 방송국의 TV 뉴스에 내 발언 장면이 등장했다. 당 대표나 원내대표가 아닌 지도부 막내의 퍼포먼스가 TV 화면을 장식하는 이변이 일어났다.

틈만 나면 가짜뉴스를 퍼트리는 민주당 장경태 의원을 저격한 퍼포먼스도 화제를 모았다. 장경태 의원은 방송통신위원회 항의 방문 중 돌연 실신했는데, 몇몇 언론사에 찍힌 사진 때문에 무릎보호대를 착용했다는 의혹이 불거졌다. 네티즌들의 의혹 제기에 장경태 의원은 다소 어이없는 해명을 내놓았다. 양복 정장 밑에 무릎보호대를 착용하면 양반다리를 할 수 없다는 것이다. 아무리 생각해도 말이 되지 않는 해명이었다. 그래서 쿠팡 새벽 배송으로 무릎보호대를 주문해 실험을 해봤다. 당연히 양복을 입고도 양반다리 자세를 취하는데 아무 문제가 없었다.

비장의 무기로 무릎보호대를 착용하고 최고위원회에 참석했다. 내 발언 순서가 왔을 때 벌떡 일어나 단상 앞으로 나갔다. 다른 지도부 관계자들의 눈이 휘둥그레졌다. 카메라도 갑자기 앞에 나와 철퍼덕 주저앉은 나를 찍기 바빴다. 놀란 사람들을 보며 무릎보호대를 차고도 양반다리가 된다고 말했다. 그제야 엄숙한 최고위원회 현장에 웃음이 터졌다.

무릎보호대 퍼포먼스도 대박을 쳤다. 무엇보다 청담동 술자리 의혹이라는 터무니없는 가짜뉴스를 민주당 최고위에 틀고, 캄보디아 조명 같은 수준 낮은 공격을 일삼는 장경태 의원에게 한 방 제대로 먹였다. 진짜로 무릎보호대를 착용하고 실신하는 척을 했는지 아닌지는 중요하지 않다. 장경태 의원 스스로 해명한 내용이 사실이 아니라고 증명했을 뿐이다.

이렇게 시도하는 퍼포먼스마다 화제가 되면서 자주 단독으로 기사를 장식했다. 장예찬이라는 이름이 헤드라인에 떠오르는 것도 익숙한 일이 됐다. 기자들은 아침마다 열리는 최고위원회 앞에서 늘 질문을 던졌다. 오늘은 어떤 퍼포먼스를 준비했냐는 것이다. 깐깐한 정치부 기자들에게 인정을 받았다는 뜻이라 입꼬리가 올라갔다.

대신 민주당의 견제도 심해졌다. 김남국 의원과 장경태 의원 모두 나를 고소하며 입을 막으려 들었다. 이미 무혐의 처분을 받은 사건도 있고, 나머지 고소도 별다른 문제가 되지 않을 것이다. 하지만 변호사를 선임해 조사를 받으러 가는 과정 자체가 달갑지 않다. 어쩌면 고소·고발을 달고 사는 것은 이슈 파이터의 숙명일지 모른다. 그럼에도 기쁜 마음으로 이 역할을 감당하고 있다. 오늘은 또 무슨 이슈로 신나게 싸워볼까 고민하면서 말이다.

김남국 코인 고발

2.

이재명 대표의 경기도 법인카드 유용과 공금 횡령 의혹을 폭로한 공익제보자 조명현 씨 이야기도 빼놓을 수 없다. 애초에 나는 공익제보자가 누구인지 몰랐다. 이름과 얼굴이 공개되지 않았기 때문이다. 다만 이재명 대표가 경기도지사 시절 법인카드를 유용하고, 배우자 김혜경 씨가 공무원을 하인처럼 부리며 갑질을 했다는 의혹을 신고한 7급 공무원으로만 알고 있었다.

주요 대선 주자의 의혹을 폭로했고, 그게 아킬레스건이 됐으니 공익제보자가 느꼈을 두려움은 얼마나 클지 능히 짐작할 수 있다. 뉴스를 통해 해당 7급 공무원이 국민권익위원회에 정식으로 공익제보자 지정 신청을 했다는 사실을 확인했다. 그런데 문재인 정부에서 임명한 전현희 권익위원장이 차일피일 시간을 끄는 것 같았다.

대선 레이스로 정신이 없는 시기였지만 가만히 있을 수 없었다. 청년본부 식구들을 이끌고 세종시로 내려가 국민권익위 앞에서 항의 시위를 벌였다. 그리고 전현희 권익위원장을 만나 공익제보자 지정을 미루지 말라는 규탄 성명문을 전달했다.

얼굴도 이름도 모르는 사이였지만 공익제보자 조명현 씨는 그때 우리 청년본부가 세종시를 찾아간 것을 보고 많은 힘을 얻었다고 한다. 그게 인연이 되어 내가 최고위원이 된 후 연락이 닿은 것이다. 결과적으로 조명현 씨가 내게 알려준 쏠쏠한 정보들 덕분에 이재명 대표를 효과적으로 비판할 수 있었다. 아무 조건 없이 선의와 정의감으로 나선 일이 시간이 지나 귀한 인연으로 돌아온 경우였다.

그 유명한 일제 샴푸도 조명현 씨 덕분에 정치권에서 가장 먼저 구할 수 있었다. 이재명 대표가 조명현 씨를 시켜 청담동 미용실에서 사게 만든 고급 샴푸는 민주당의 허를 찌르는 강렬한 무기가 됐다. 이재명 대표가 아침마다 먹는다는 특제 샌드위치 세트도 최초로 공개했다. 최고위원회 테이블에 샌드위치와 과일 등 이재명 대표가 먹는 그대로 깔아놓고 전시한 것이다.

그냥 말로 비판하는 것과 눈으로 보여 주는 것 사이에는 엄청난 차이가 있다. 청담동 일제 샴푸를 들고 이재명 대표의 입은 반일인데 머리는 친일이라고 말하니 반응이 폭발적이었다. 공무원을 하인처럼 부린 갑질도 다시금 부각이 됐다. 샌드위치도 막상 들으면 특별한 생각이 들지 않는다. 그러나 실제로 이재명 대표가 매일 먹었다는 세트를 그대로 재현하면 사람들이 뭔가 싫어서 관심을 가질 수밖에 없다.

이재명 아침 세트 구성

일련의 과정을 거치며 나와 조명현 씨 사이에 굳건한 신뢰가 형성됐다. 조명현 씨는 국정감사에 출석해 자신의 얼굴과 이름을 드러낼 준비를 하고 있었다. 인생이 통째로 뒤흔들릴 수 있음에도 용기를 낸 것이다. 그런데 이를 알아챈 민주당의 방해로 국정감사 출석이 무산됐다. 민주당은 공익제보자 조명현 씨가 이재명의 치부를 고발하는 것을 무척 두려워했다.

이재명 법카 공익제보자 기자회견

국정감사에 나설 수 없으니 남은 수단은 기자회견밖에 없었다. 조명현 씨와 상의를 거쳐 국회 소통관을 빌렸다. 그리고 함께 기자들 앞으로 나가 이재명과 김혜경의 범죄 혐의를 고발하고, 엄정한 수사를 촉구하는 기자회견문을 읽었다. 민주당이 조명현 씨의 국정감사 출석을 막은 방탄 행위에 대한 비판도 포함했다. 함께 기자회견을 하며 최초로 조명현 씨의 얼굴과 이름이 공개됐고, 신분을 밝힌 공익제보자의 발언은 더 큰 파급력을 지닌 채 이재명의 실체를 까발리고 있다.

최고위원이라는 직책 덕분에 공익제보자 조명현 씨에게 도움을 주고, 이재명이라는 무서운 거악과 함께 맞서 싸울 수 있어서 다행스럽다. 내게 주어진 권한을 꼭 필요한 곳에 썼다는 생각이 들기 때문이다.

정치는 권력을 차지하기 위한 싸움이다. 최고위원처럼 당 지도부가 되려는 것도, 국회의원 선거에 나서려는 것도 권력을 얻기 위해서다. 권력을 추구하는 것 자체가 나쁜 게 절대 아니다. 어렵게 얻은 권력을 어디에 어떻게 쓰느냐가 문제다. 우리 사회 어딘가에는 제2의 공익제보자 조명현 씨가 있을 것이다. 자신을 위해서가 아닌, 그들과 함께 싸우기 위해서 권력을 추구하는 정치인이 더 많아지면 좋겠다.

3.

민주당 입장에서는 아픈 구석을 찌르며 공중전에 나서는 내가 얼마나 얄미울까. 특히 이재명 대표는 더할 것이다. 대선 과정에서부터 이재명의 치부를 끊임없이 비판해왔기 때문이다. 그러다 보니 이재명 대표가 민주당 최고위에서 직접 나를 언급하며 비판했다. 장예찬이라는 이름을 거론하고 패륜적이라는 표현으로 공세 수위를 높인 것이다.

그 소식을 듣자마자 월척을 낚았다고 생각했다. 야당 대표이자 대선 후보급 거물 정치인이 지도부 막내에 불과한 내 이름을 말했다. 나로서는 완전히 남는 장사였다. 즉각 이재명 대표는 패륜 백과사전이라고 반박했다. 그 입에 패륜이라는 단어를 올릴 자격이 없다고 쏘아붙인 것이다.

정치 상식으로 따지면 이재명 대표가 나를 거론한 것 자체가 실수이고 손해다. 당 대표가 상대 정당 청년 최고위원을 직접 공격한 사례는 찾아볼 수 없다. 그만큼 체급이 맞지 않는 싸움에 끼어든 꼴이다. 정치부 기자들도 이재명 대표의 행동을 이해할 수 없다는 반응이었다. 그러면서 내게 이재명이 신경 쓸 정도의 정치인이 됐다고 축하 인사를 건넸다.

물론 다른 사람도 아니고, 주변 인물들이 연달아 석연치 않은 죽음을 맞이한 이재명 대표이기에 찜찜한 마음도 들었다. 그가 나를 의식하고 직접 비난했다는 것 자체가 부담스러울 수밖에 없다. 농담이 아니라 지하주차장에 조폭이 기다리고 있으면 어떡하지 걱정도 됐다. 그럼에도 불안함보다 뿌듯함이 더 컸다. 나도 어쩔 수 없는 정치인이 다 된 것이다.

이런 일들은 전당대회에서 최전방 공격수라는 슬로건을 내세웠을 때부터 각오했다. 선봉에서 싸우다 보면 집중 견제를 받고, 상처도 많이 입을 수밖에 없다. 그렇다고 뒤로 내빼면 웰빙정당이 되는 것이다. 국민의힘 당원들은 우리 당 정치인들이 지나치게 선비 같고 양반 같다는 점을 비판한다. 여전히 온실 속 화초처럼 웰빙주의, 보신주의로 일관하는 국회의원들이 많은 것도 사실이다.

그렇기에 잃을 것 없는 나라도 물불 안 가리고 육탄전을 해야겠다는 마음으로 계속 들이대는 것이다. 민주당처럼 가짜뉴스로 공격하면 정치의 수준을 떨어트리는 행위다. 그러나 팩트에 근거한 촌철살인과 퍼포먼스를 무기로 삼는다면 문제 될 것이 없다. 수시로 고소·고발이 쏟아지고, 개딸을 비롯한 강성 팬덤의 악플 테러도 일상이 됐지만 물러설 수는 없다. 어차피 정치도 기세 싸움이다. 내가 망설이고 주춤하면 무슨 말을 해도 약발이 떨어진다. 자신을 믿고 공격이 최선의 방어라고 생각하는 게 정답이다.

이런 모습만 보면 내가 대단히 호전적인 사람으로 여겨질 수 있다. 하지만 싸움을 좋아하는 사람은 없다. 싸운다는 것은, 특히나 상대가 이재명 같은 인물일 때는 누구에게나 피곤한 일이다. 그리고 나는 예술을 사랑하는 사람이다. 최고위원회에서 최전방 공격수로 나설 때와 일상에서의 내 모습은 전혀 다른 편이다. 그러나 당원들과 굳게 맺은 약속을 지키기 위해 현재의 역할을 저버릴 수 없다. 얌전한 선비들이 주류인 국민의힘에서 전투력 강한 공격수 하나쯤은 있어야 하기에.

한 가지 아쉬운 점은 치열한 정치 공방이 주목을 받는 만큼 정책 행보에 대한 관심은 떨어진다는 사실이다. 청년당정대라는 플랫폼을 만들어 당과 정부, 대통령실의 청년들이 현장에서 정책을 수립하게 했다. MZ노조로 불리는 새로고침 협의회와 치맥 회동을 할 때는 윤석열 대통령이 직접 전화를 걸어 소통하기도 했다. 그러나 상대적으로 정책 활동은 언론 기사도 덜 나오고, 국민들의 관심도 떨어진다. 다들 정책이 중요하다고 말하면서 정작 정책에 집중하면 관심을 못 받는 구조다. 아직은 공격수 역할의 비중이 더 크지만, 대통령직인수위와 청년재단을 두루 거치며 쌓은 정책 역량도 마음껏 펼칠 날이 오리라 믿는다.

청년 당정대 정책 활동 with 문체부

12

누구나 정치합시다!

왕실 국빈만찬에서 히딩크 감독님과 함께

–

12. 누구나 정치합시다!

1.

정치가 특별한 사람들의 전유물, 엘리트만 할 수 있는 것으로 변질이 된다면 대한민국은 미래로 나아갈 수 없다고 생각한다. 대의민주주의 제도를 유지하면서도 직접 참여의 기회가 더 늘어나는 게 정치가 발전하며 나타나는 현상이다. 특히 현대 사회처럼 직업과 취미, 개인의 기호가 다양해진 세상에서는 더더욱 참여의 의미가 확대될 수밖에 없다. 겨우 300명의 국회의원이 대변하기에는 너무 많은 이슈가 발생하기 때문이다.

어렵게 생각할 필요 없다. 나처럼 드럼을 치고, 소설을 쓰고,

자동차 회사의 홍보 일을 했던 사람도 정치에 입문해 매일 방송에 나와 정치 이야기를 한다. 대통령 1호 참모라는 영광스러운 칭호도 얻었고, 집권 여당의 최고위원 자리에도 올랐다. 어쩌면 내가 바로 대한민국 정치의 변화를 증명하는 인물일지도 모른다. 과거 틀에 박힌 정치권이었다면 나 같은 캐릭터는 결코 최고위원이 되지 못했을 것이다.

정치에 참여할 수 있는 자격은 무엇일까? 자기 분야에서 바꾸고 싶은 게 있는 사람, 사회 문제에 대해 폭넓게 고민하는 사람, 나의 이익보다 공동체의 이익을 우선하는 사람, 대한민국이 100년 뒤에도 선진국이기를 바라는 사람. 쉽다면 쉽고, 어렵다면 매우 어려운 조건들이 떠오른다. 그러나 위와 같은 마음을 진심으로 품고 있다면 정치할 자격은 충분하다.

정치의 패러다임도 급격히 변화하고 있다. 거창한 담론이나 시대정신보다 우리 삶의 다양한 문제를 해결하는 기능으로의 정치가 국민의 지지를 받는다. 지난 대선에서도 그랜드 슬로건은 기억에 남지 않는다. 대신 탈모 치료비 지원이나 병사 월급 200만 원 같은 구체적인 공약이 뜨거운 호응을 받았다. 다원화와 개인화 시대에는 세상을 바꾸겠다는 정치인보다 내 삶을 바꿔주는 정치인에게 환호를 보낼 수밖에 없다. 그런데 누군가의 일상을 바꾸다

보면 세상도 바뀌게 돼 있다. 탑-다운 방식의 정치에서 바텀-업의 정치로 나아가는 과정이다.

개인적으로 사농공상이라는 관념을 싫어한다. 관료와 양반들의 세상에서 대한민국은 국제적 경쟁력을 확보하기 어렵다. 거꾸로 상공농사의 세상이 되면 좋겠다. 고위 관료와 대학교수들의 정치 대신 상인과 기술자, 과학자와 예술가의 정치가 대한민국의 미래에 훨씬 더 도움이 될 것이다.

내가 했으니 여러분도 할 수 있다. 장예찬이라는 하자투성이의 인간이 중앙 정치 무대에서 필사적으로 버티며 싸우고, 과분할 정도의 국민적 관심을 받는 모습을 통해 여러분도 누구나 정치할 수 있다는 용기를 얻으면 좋겠다. 정치는 결코 머나먼 남의 일이 아니다. 오늘 내가 나서지 않으면 자기 기득권 챙기기에 급급한 탐욕스러운 정치인이 우리의 밥그릇을 뺏을지 모른다.

그러니까 우리, 같이 정치합시다.

2.

마지막으로 개인적 소회를 남기고 싶다. 2023년 12월, 윤석열 대통령의 네덜란드 국빈 방문에 특별수행원으로 동행했다. 우리나라 정치권에서 네덜란드 유학파는 나 하나밖에 없다. 네덜란드 현지에서도 신기하게 여길 인연이기 때문에 정상 외교와 친교에 조금이라도 도움이 되길 바라는 마음으로 3박 5일의 빽빽한 일정을 수행했다.

대통령 전용기를 호위하는 네덜란드 공군 전투기

그런데 대통령 전용기를 타고 네덜란드 영공에 들어선 순간부터 감동을 받았다. 네덜란드 공군의 F-35 전투기가 양쪽에서 대한민국 대통령 전용기를 호위하기 시작했다. 대통령실 참모들과 순방에 동행한 기자들도 창문에 달라붙어 신기한 광경을 쳐다봤다. 대한민국이 유럽에서 손꼽히는 선진국 네덜란드로부터 이토록 극진한 예우를 받는다는 사실에 가슴이 찡해졌다.

네덜란드 왕실의 공식 환영식과 왕궁에서 열린 국빈 만찬, 헤이그의 상하원 의장단 방문과 한-네덜란드 비즈니스 포럼 등 쉴 틈 없이 이어진 일정마다 네덜란드 현지 관계자들이 보여준 대한

국빈 환영식에서 윤석열 대통령님, 김건희 여사님, 빌렘 알렉산더르 국왕 바로 뒤에서

민국에 대한 관심과 호의는 놀라웠다. 네덜란드는 세계 최고의 반도체 노광장비 회사 ASML을 비롯해 첨단 산업의 선두주자로 앞서가고 있다. 하지만 외교적 수사를 넘어서 우리나라를 더 존중하고 대우하는 느낌이 들었다.

내가 유학을 시작한 2007년만 해도 네덜란드 당국에서 건강검진을 받아야 했다. 일본 학생들은 검진을 받지 않아도 괜찮았던 것 같다. 그게 유럽이 우리나라와 일본을 바라보는 차이처럼 느껴져 어린 마음에 속이 상했던 기억이 떠올랐다. 그러나 암스테르담 왕궁 앞 담 광장에 태극기가 휘날리고, 애국가가 울려 퍼지는 현장에 서 있으면서 완전히 달라진 국격을 체감했다.

국가의 힘이다. 대한민국이 발전했기 때문에 우리 국민들이 유럽의 선진국에서도 당당하게 대접을 받을 수 있다. 정치가 제 역할을 못 하고, 미래를 외면한 채 포퓰리즘의 늪에 빠지면 대한민국의 위상도 언제 무너질지 모른다. 과거의 선진국들이 채무의 악몽에서 벗어나지 못하는 장면을 국제 뉴스로 보면서 경각심을 가져야 한다.

과기부, 외교부, 문체부 장관 및 대통령실 수석들과 함께

한국-네덜란드 비즈니스 포럼에서 구자열 한국무역협회장님과

윤석열 대통령의 특별수행원으로 극진한 대우를 받으며 더더욱 정치를 정말 잘 해야겠다는 마음을 먹었다. 누가 좋은 정치를 하는지, 과거보다 미래를 생각하는지 꼼꼼하게 따지고 또 따져야 한다. 그래야 2023년 대한민국이 네덜란드에서 받은 대우를 2033년에도, 2043년에도 똑같이 받을 수 있기 때문이다.

3.

삶에는 늘 반전이 존재한다.

그러나 마냥 수동적으로 기다리는 사람에게는 반전의 기회가 찾아오지 않는다. 때로는 무모해 보여도 행동하지 않는 이상 정치도 인생도 달라질 일은 없다.

공용 부엌과 화장실을 쓰던 네덜란드의 배고픈 유학생이 대통령 국빈 방문의 특별수행원이 된 반전은 어떻게 일어났을까. 페이스북에 글을 쓰는 작은 행동에서 모든 게 시작됐다.

지금 내 옆의 작은 문제를 해결하고 싶다면, 그런 행동을 망설이지 않고 실행에 옮긴다면, 그게 쌓이고 쌓여 세상을 바꿀 수 있다면, 그 자체가 더할 나위 없이 훌륭한 정치다.

나는 사소한 변화의 힘을 믿는다.

누구나 함께 각자의 인생에서 중요하면서도 사소한 변화를 만들어 나가면 좋겠다. 누구나 사소한 변화를 일으킬 수 있는 것처럼, 누구나 정치를 할 수 있다고 믿는다.

내게 찾아온 반전이 여러분에게도 함께 하기를 기도하며,

장예찬 드림.